孤独症儿童语言训练

实操手册

范琳琳 编著

天津出版传媒集团
天津科学技术出版社

图书在版编目（CIP）数据

孤独症儿童语言训练实操手册 / 范琳琳编著 .
天津 : 天津科学技术出版社, 2025. 8. -- ISBN 978-7
-5742-3223-5

Ⅰ . G766-62

中国国家版本馆 CIP 数据核字第 20252Q4F32 号

孤独症儿童语言训练实操手册

GUDUZHENG ERTONG YUYAN XUNLIAN SHICAO SHOUCE

责任编辑：刘 鸫

责任印制：兰 毅

出 版：天津出版传媒集团
天津科学技术出版社

地 址：天津市和平区西康路 35 号

邮 编：300051

电 话：（022）23332377（编辑部）

网 址：www.tjkjcbs.com.cn

发 行：新华书店经销

印 刷：三河市祥达印刷包装有限公司

开本 710×1000 1/16 印张 10 字数 150 000

2025 年 8 月第 1 版第 1 次印刷

定价：59.80 元

自 序

作为一位母亲，我深切地理解每一位母亲带孩子的辛酸与不易。从孩子在腹中胎动，母亲就感受到了生命的存在；从孩子呱呱坠地，母亲就开始对孩子的未来充满想象和期许；从孩子叫第一声“妈妈”，对母亲而言，那是一种直击灵魂深处的触动。

但有一类父母，他们从未体验过自己的孩子开口叫“爸爸”“妈妈”，他们经历着普通父母没有经历过的辛苦，承受着非普通父母所能承受的精神煎熬。这类父母自从发现孩子不说话，继而孩子被医生诊断为孤独症谱系障碍的那天起，他们的眼中便没有了那道闪烁的光——对未来生活的希望。

孤独症谱系障碍是一种神经发育障碍性疾病，是广泛性发育障碍中具有代表性的疾病；常起病于 3 岁前，一旦发病，其症状便会伴随孩子的一生，而且目前尚无有效的方法可以治愈；男孩患病率高于女孩，且男女比例为 4.5:1。

孤独症谱系障碍主要包括两大核心症状。

①持续性出现社会交往和交流障碍，具体表现为社交与情感的交互性缺陷；非语言交流行为的缺陷；发展、维持和理解人际关系的缺陷。

②兴趣狭窄和重复刻板的行为方式，具体表现为重复刻板的语言和行为、僵化固守惯例、固定局限的兴趣活动、感知觉反应异常。

孤独症谱系障碍儿童的语言问题不同于语言障碍或其他障碍类型，所以父母切不可轻易尝试各种治疗方法，这可能会导致孩子产生极其强烈的抵抗情绪，让孩子的语言愈发难以训练。孤独症谱系儿童语言问题的表现特征如下。

①语言迟滞、迟迟不开口说话，一岁多会说话，但两岁后突然不开口了。

②说话时，说一些“火星语”，不会说字词。

③常常自言自语，说话生硬、语音语调异常。

④混淆人称你我关系，鹦鹉学舌机械仿说、不主动说。

我收到很多父母的恳请信，他们想让我找出一种科学的且具有可行性的治疗方法帮助自己的孩子开口说话。为了帮助更多的父母少走弯路，我特意编写了这本《孤独症儿童语言训练实操手册》，意在通过亲子游戏互动的方式来改善孩子的核心障碍，让更多的父母不再为如何教孩子开口说话而苦恼。

爱玩游戏是孩子的天性，父母通过语言游戏能快速俘获孩子说话的动机，对于孤独症谱系障碍儿童来讲，说话不是目的，有效沟通才是目的。我在充分了解了父母诉求后，通过游戏互动为家长缓解了特殊教育的焦虑，在培养良好亲子关系的同时，又能轻松地帮助孩子主动说话，为解决孩子的核心障碍并融入自然社会生活打下坚实的基础。

不是因为孩子特殊才需要关注，而是因为孩子本来就需要父母的陪伴，“父母之爱子，则为之计深远”。孤独症谱系障碍并不可怕，只要父母不过分焦虑，让孩子认真学习科学的训练方法，积极调整心态，父母做好该做的——通过努力学习帮助孩子，让孩子尽情地享受“天伦之乐”式的语言训练，这样的孩子都不会差。希望每个孤独症谱系障碍儿童都能在父母的帮助下，融入社会，拥有美好未来，享受普通的平凡生活。

前言

在偌大的地球上，只有人类拥有真正的语言。语言的发展及完善贯穿了人类的一生，其中学龄前儿童语言发展最为重要。学龄前儿童处于语言发展的关键时期，此时，儿童语言发展迅速，词汇量会出现爆发式增长，学习语言的速度惊人，这个时期家长关注儿童语言并对其进行有针对的干预训练，可以为儿童的语言发展奠定坚实的基础。

一、孤独症儿童语言能力发展的独特性

孤独症儿童语言能力发展大多比一般儿童慢或者会出现其他异常的情况，如迟迟不开口或者听不懂话，这是引发大部分家长焦虑的核心点，也导致很多家长进入了一个认知观念误区，即只要孩子会说话就好了。

实际上，无论是语言理解能力、语言运用能力、口语表达，还是运用肢体语言（如表情、动作、手势）的能力，孤独症儿童都会在某种程度上与普通儿童呈现一定的差异。不仅如此，孤独症儿童之间也在语言发展上呈现出较大的个体差异性，如鹦鹉学舌、自言自语、不会发声、表达颠三倒四、逻辑混乱等，每位孤独症儿童会因为病患程度等级不同，而呈现不同的语言表现特征，并不是每一个孤独症儿童都会同时具备全部的语言特质。

一般而言，孤独症谱系障碍儿童呈现非言语器质性构音问题，多数体现在语言功能运用上，例如，孩子不开口是不能运用嗓音进行表达沟通，长时间不运用会导致功能丧失，所以医生才会增加训练难度；对于语调异常的孤独症谱系障碍儿童来讲，需要提供自然的语言环境，丰富的语气感情色彩，这对改善语调异常

有非常关键的影响。

二、孤独症儿童语言障碍带来的影响与挑战

孤独症儿童语言的独特性为孤独症儿童的社会生活带来了极大挑战。孤独症儿童语言特征伴随孤独症谱系障碍的核心特质，造成了孤独症儿童无法专注学习——对比单纯构音障碍的儿童可以接受坐下来做口部构音训练，孤独症谱系儿童不但无法坐下来等待被操作，反而容易出现逆反、抗拒等行为。

1. 对社交的影响

众所周知，孤独症谱系障碍儿童的核心特质为社交沟通障碍。多数孤独症谱系障碍儿童虽然有口语能力却还是不能有效沟通，如表达想法、进行交友等，而对于无口语能力的孤独症谱系障碍儿童来说，语言能力直接影响了社交的产生，甚至无法进行正常的社会生活，进一步抑制了无口语能力的孤独症谱系障碍儿童社交的高级需求和语言能力的发展。

普通儿童能够在不同语言和语境之间自由切换，是因为他们具备良好的语言表达能力。而孤独症谱系障碍儿童虽然也能够快速记忆名称，如掌握了很多词汇的命名，却无法理解词汇的内涵（如把苹果换成其他水果就难以理解和接受）。孤独症谱系障碍儿童对语义的不理解还表现为：他人发起社交时，没有任何反应；不会思考别人说的话，无法主动思考后发起与主题相关的提问；或者话题维持较短，难以持久交流等，这些都对社交的发展产生了严重的影响。

2. 对情绪的影响

孤独症谱系障碍儿童在情绪管理上出现障碍的占比在 70% 以上，主要体现

在无法用语言恰当地表达自己的情绪，而这种情绪表达上的缺陷直接导致问题行为的发生。比如，普通儿童想要看电视时，会主动想办法、找理由去说服父母来达到目的，而孤独症谱系障碍儿童则可能只会通过尖叫、哭闹来表达他们的想法；又或者当看到了让人兴奋的食物，却无法用语言分享此刻的情绪时，孤独症谱系障碍儿童会通过自我刺激行为来表达此刻的情绪。

孤独症儿童对情绪的理解不同于普通儿童，研究表明他们对复杂情绪几乎不能辨识，如尴尬、嫉妒等，在基本情绪中，孤独症儿童识别害怕、伤心这两种负性情绪时比较困难，而对高兴的情绪识别与普通儿童差别不大。所以家长在对孤独症儿童进行语言训练时，要确保儿童处于开心的情绪状态。

3. 对心智的影响

孤独症儿童在语言理解能力上受限，因此无法通过语言以及表情的反馈，辨识他人想法、感受以及观点。他们既不能通过语言来评价别人，也不能用语言来捍卫自身的权益，当被别人嘲笑或者欺负时，无法通过恰当的语言进行求助或者辩解，孤独症儿童并非不能接受这种“欺负”，而是面对“欺负”无法轻松自如地运用语言来表达。

一个汉堡摆在桌子上，两个儿童都喜欢吃。一个普通儿童和一个谱系儿童，给谁吃呢？普通儿童这时说：“不，这个一点也不好吃。”对此，谱系儿童是怎样理解的呢？谱系儿童即便是很想吃，在听到这句话后可能也不会吃了，因为他接收到的语言讯息是“这个汉堡不好吃”，但对于普通儿童为什么会这样说——是真的不好吃，还是不想让别人吃而故意这样说——就无法理解了。所以当达到心智这种高层次概念时，孤独症儿童很难做到对语言的辨识与反馈，这会导致孤独症谱系儿童说话不分场合，该说的话不说、不该说的话乱说的语言现象。

语言作为人类发展的一个重要领域，在促进人类全面发展方面是一个不可或缺的核心要素。它是人生的开端，也伴随人的一生。孤独症儿童语言的发展对其各个方面都起着重要的衔接作用，有着不可磨灭的影响力，而语言方面的缺失也让孤独症谱系儿童难以融入社会。没有语言的人生可谓是遗憾或者不完整的人生，如果孩子一直不开口说话，这是大多数家长无法接受的。

目 录

Chapter 1 评估与准备 001

准备工作一 / 评估语言能力 002

准备工作二 / 心理准备 015

准备工作三 / 原则与态度 020

10 个基本家庭实施策略 024

< 策略 1 突然中止（唱着唱着不唱了）024

< 策略 2 假装唱错（唱错词或跑调）026

< 策略 3 刻意忘记（唱半句留半句）028

< 策略 4 改变规律（唱串烧或改词）030

< 策略 5 放慢节奏（拉长音）032

< 策略 6 制造干扰（挠痒痒或把手放在嘴巴上）034

< 策略 7 创造规律（1、2、3 开始唱）036

< 策略 8 搭建桥梁（轮流唱）038

< 策略 9 重复机制（重复待加强的音或词句，不同儿歌的同一发音）040

< 策略 10 匹配因果（儿歌与动作匹配，用动作提示发音）042

Chapter 2 家庭操作实践 045

儿歌游戏 1 / 蜗牛与黄鹂鸟 / 046

※ **初级语言目标** / a（适合无口语阶段孩子）

※ **中级语言目标** / 发芽（适合词句阶段孩子）

※ **高级语言目标** / 一步一步地往上爬（适合复杂句阶段孩子）

儿歌游戏 2 / 大公鸡 / 048

※ 初级语言目标 / o（适合无口语阶段孩子）

※ 中级语言目标 / 早上好（适合词句阶段孩子）

※ 高级语言目标 / 小朋友们早上好（适合复杂句阶段孩子）

儿歌游戏 3 / 小猴荡秋千 / 050

※ 初级语言目标 / e（适合无口语阶段孩子）

※ 中级语言目标 / 鳄鱼（适合词句阶段孩子）

※ 高级语言目标 / 看见鳄鱼被水淹（适合复杂句阶段孩子）

儿歌游戏 4 / 王老先生有块地 / 052

※ 初级语言目标 / i/y（适合无口语阶段孩子）

※ 中级语言目标 / 小鸡（适合词句阶段孩子）

※ 高级语言目标 / 在田边养小鸡（适合复杂句阶段孩子）

儿歌游戏 5 / 开摩托 / 054

※ 初级语言目标 / u/w（适合无口语阶段孩子）

※ 中级语言目标 / 摩托（适合词句阶段孩子）

※ 高级语言目标 / 摩托到站了要下车了（适合复杂句阶段孩子）

儿歌游戏 6 / 三条小鱼 / 056

※ 初级语言目标 / ü/yu（适合无口语阶段孩子）

※ 中级语言目标 / 做朋友（适合词句阶段孩子）

※ 高级语言目标 / 快快乐乐做朋友（适合复杂句阶段孩子）

儿歌游戏 7 / 打电话 / 058

※ 初级语言目标 / ai（适合无口语阶段孩子）

※ 中级语言目标 / 小娃娃（适合词句阶段孩子）

※ 高级语言目标 / 我在幼儿园（适合复杂句阶段孩子）

儿歌游戏 8 / 小小乌龟上山坡 / 060

※ 初级语言目标 / ei（适合无口语阶段孩子）

※ 中级语言目标 / 嘿呦呦（适合词句阶段孩子）

※ 高级语言目标 / 爬山乐悠悠（适合复杂句阶段孩子）

儿歌游戏 9 / 伊比呀呀 / 062

※ 初级语言目标 / ui（适合无口语阶段孩子）

※ 中级语言目标 / 推推（适合词句阶段孩子）

※ 高级语言目标 / 伊比伊比推（适合复杂句阶段孩子）

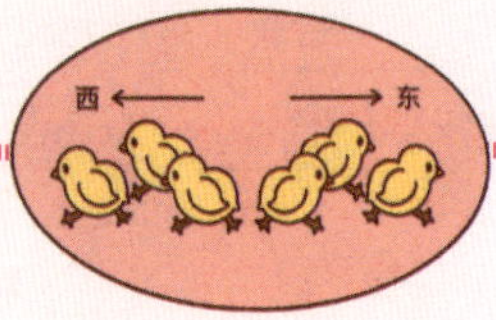

儿歌游戏 10 / 小猪吃得饱饱 / 064

※ **初级语言目标 /** ao（适合无口语阶段孩子）

※ **中级语言目标 /** 大耳朵（适合词句阶段孩子）

※ **高级语言目标 /** 小尾巴在摇摇（适合复杂句阶段孩子）

儿歌游戏 11 / 小花儿开了 / 066

※ **初级语言目标 /** ou（适合无口语阶段孩子）

※ **中级语言目标 /** 浇水（适合词句阶段孩子）

※ **高级语言目标 /** 小小花儿微微笑（适合复杂句阶段孩子）

儿歌游戏 12 / 一只哈巴狗 / 068

※ **初级语言目标 /** iu（适合无口语阶段孩子）

※ **中级语言目标 /** 哈巴狗（适合词句阶段孩子）

※ **高级语言目标 /** 哈巴狗想吃肉骨头（适合复杂句阶段孩子）

儿歌游戏 13 / 番茄和大狼狗 / 070

※ **初级语言目标 /** ie（适合无口语阶段孩子）

※ **中级语言目标 /** 大狼狗（适合词句阶段孩子）

※ **高级语言目标 /** 来了一只大狼狗（适合复杂句阶段孩子）

儿歌游戏 14 / 月儿圆 / 072

※ **初级语言目标 /** üe（适合无口语阶段孩子）

※ **中级语言目标 /** 月儿圆（适合词句阶段孩子）

※ **高级语言目标 /** 桂花树下荡秋千（适合复杂句阶段孩子）

儿歌游戏 15 / 谁的耳朵 / 074

※ **初级语言目标 /** er（适合无口语阶段孩子）

※ **中级语言目标 /** 耳朵（适合词句阶段孩子）

※ **高级语言目标 /** 谁的耳朵圆又圆（适合复杂句阶段孩子）

儿歌游戏 16 / 七步洗手歌 / 076

※ **初级语言目标 /** an（适合无口语阶段孩子）

※ **中级语言目标 /** 螃蟹（适合词句阶段孩子）

※ **高级语言目标 /** 举起两只大钳子（适合复杂句阶段孩子）

儿歌游戏 17 / 毛毛虫 / 078

※ **初级语言目标 /** en（适合无口语阶段孩子）

※ **中级语言目标 /** 爬呀爬（适合词句阶段孩子）

※ **高级语言目标 /** 毛毛虫爬呀爬（适合复杂句阶段孩子）

儿歌游戏 18 / 剪刀石头布 / 080

※ **初级语言目标** / in（适合无口语阶段孩子）

※ **中级语言目标** / 剪刀（适合词句阶段孩子）

※ **高级语言目标** / 亲亲小白兔（适合复杂句阶段孩子）

儿歌游戏 19 / 小老鼠，上灯台 / 082

※ **初级语言目标** / un（适合无口语阶段孩子）

※ **中级语言目标** / 滚下来（适合词句阶段孩子）

※ **高级语言目标** / 叽里咕噜滚下来（适合复杂句阶段孩子）

儿歌游戏 20 / 一个小老头 / 084

※ **初级语言目标** / ün（适合无口语阶段孩子）

※ **中级语言目标** / 晕倒（适合词句阶段孩子）

※ **高级语言目标** / 哎呀！太高了（适合复杂句阶段孩子）

儿歌游戏 21 / 小鸡和小鸭 / 086

※ **初级语言目标** / ang（适合无口语阶段孩子）

※ **中级语言目标** / 小鸭家（适合词句阶段孩子）

※ **高级语言目标** / 住在山脚下（适合复杂句阶段孩子）

儿歌游戏 22 / 十只小猴 / 088

※ 初级语言目标 / eng（适合无口语阶段孩子）

※ 中级语言目标 / 拍拍手（适合词句阶段孩子）

※ 高级语言目标 / 翻个跟头握握手（适合复杂句阶段孩子）

儿歌游戏 23 / 铃儿响叮当 / 090

※ 初级语言目标 / ing（适合无口语阶段孩子）

※ 中级语言目标 / 叮当（适合词句阶段孩子）

※ 高级语言目标 / 我们滑雪多快乐（适合复杂句阶段孩子）

儿歌游戏 24 / 线团咕噜咕噜 / 092

※ 初级语言目标 / ong（适合无口语阶段孩子）

※ 中级语言目标 / 叮咚（适合词句阶段孩子）

※ 高级语言目标 / 咚咚飞走了（适合复杂句阶段孩子）

儿歌游戏 25 / 拔萝卜 / 094

※ 初级语言目标 / b（适合无口语阶段孩子）

※ 中级语言目标 / 萝卜（适合词句阶段孩子）

※ 高级语言目标 / 快来帮我们拔萝卜（适合复杂句阶段孩子）

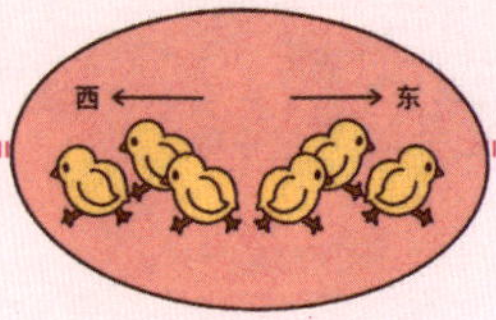

儿歌游戏 26 / 爆米花 / 096

※ **初级语言目标 /** p（适合无口语阶段孩子）

※ **中级语言目标 /** 爆米花（适合词句阶段孩子）

※ **高级语言目标 /** 我们一起来做爆米花（适合复杂句阶段孩子）

儿歌游戏 27 / 黑猫警长 / 098

※ **初级语言目标 /** m（适合无口语阶段孩子）

※ **中级语言目标 /** 黑猫（适合词句阶段孩子）

※ **高级语言目标 /** 开着警车嘀嘀嘀（适合复杂句阶段孩子）

儿歌游戏 28 / 点豆豆 / 100

※ **初级语言目标 /** f（适合无口语阶段孩子）

※ **中级语言目标 /** 豆豆豆豆飞走了（适合词句阶段孩子）

※ **高级语言目标 /** 豆豆豆豆，五个是一家（适合复杂句阶段孩子）

儿歌游戏 29 / 小汽车 / 102

※ **初级语言目标 /** d（适合无口语阶段孩子）

※ **中级语言目标 /** 小汽车（适合词句阶段孩子）

※ **高级语言目标 /** 小宝宝，当司机（适合复杂句阶段孩子）

儿歌游戏 30 / 小猴子爬山 / 104

※ 初级语言目标 / t（适合无口语阶段孩子）

※ 中级语言目标 / 跳呀跳（适合词句阶段孩子）

※ 高级语言目标 / 爬到了头上跳呀跳呀跳（适合复杂句阶段孩子）

儿歌游戏 31 / 排排坐，吃果果 / 106

※ 初级语言目标 / n（适合无口语阶段孩子）

※ 中级语言目标 / 你一个（适合词句阶段孩子）

※ 高级语言目标 / 你一个我一个（适合复杂句阶段孩子）

儿歌游戏 32 / 葫芦娃 / 108

※ 初级语言目标 / l（适合无口语阶段孩子）

※ 中级语言目标 / 葫芦娃（适合词句阶段孩子）

※ 高级语言目标 / 葫芦娃本领大（适合复杂句阶段孩子）

儿歌游戏 33 / 数鸭子 / 110

※ 初级语言目标 / g（适合无口语阶段孩子）

※ 中级语言目标 / 一群鸭（适合词句阶段孩子）

※ 高级语言目标 / 数不清到底多少鸭（适合复杂句阶段孩子）

儿歌游戏 34 / 小小鸡蛋把门开 / 112

※ 初级语言目标 / k（适合无口语阶段孩子）

※ 中级语言目标 / 开门（适合词句阶段孩子）

※ 高级语言目标 / 小小鸡蛋把门开（适合复杂句阶段孩子）

儿歌游戏 35 / 炒栗子 / 114

※ 初级语言目标 / h（适合无口语阶段孩子）

※ 中级语言目标 / 热乎乎（适合词句阶段孩子）

※ 高级语言目标 / 热乎乎的栗子炒好啦（适合复杂句阶段孩子）

儿歌游戏 36 / 两只小鸡 / 116

※ 初级语言目标 / j（适合无口语阶段孩子）

※ 中级语言目标 / 小鸡叽叽（适合词句阶段孩子）

※ 高级语言目标 / 拉断了虫子，摔疼了鸡（适合复杂句阶段孩子）

儿歌游戏 37 / 炒萝卜 / 118

※ 初级语言目标 / q（适合无口语阶段孩子）

※ 中级语言目标 / 切切切（适合词句阶段孩子）

※ 高级语言目标 / 我们一起切萝卜（适合复杂句阶段孩子）

儿歌游戏 38 / 喜欢颂 / 120

※ **初级语言目标 /** x（适合无口语阶段孩子）

※ **中级语言目标 /** 喜欢（适合词句阶段孩子）

※ **高级语言目标 /** 我喜欢大家一起来唱歌（适合复杂句阶段孩子）

儿歌游戏 39 / 找朋友 / 122

※ **初级语言目标 /** zh（适合无口语阶段孩子）

※ **中级语言目标 /** 找朋友（适合词句阶段孩子）

※ **高级语言目标 /** 你是我的好朋友（适合复杂句阶段孩子）

儿歌游戏 40 / 吹泡泡 / 124

※ **初级语言目标 /** ch（适合无口语阶段孩子）

※ **中级语言目标 /** 吹泡泡（适合词句阶段孩子）

※ **高级语言目标 /** 吹出一个大泡泡（适合复杂句阶段孩子）

儿歌游戏 41 / 牙刷火车 / 126

※ **初级语言目标 /** sh（适合无口语阶段孩子）

※ **中级语言目标 /** 牙刷（适合词句阶段孩子）

※ **高级语言目标 /** 牙刷火车满嘴跑（适合复杂句阶段孩子）

儿歌游戏 42 / 蒸馒头 / 128

※ 初级语言目标 / r（适合无口语阶段孩子）

※ 中级语言目标 / 揉好面（适合词句阶段孩子）

※ 高级语言目标 / 揉好面蒸馒头（适合复杂句阶段孩子）

儿歌游戏 43 / 穿衣歌 / 130

※ 初级语言目标 / zh（适合无口语阶段孩子）

※ 中级语言目标 / 吱扭吱扭（适合词句阶段孩子）

※ 高级语言目标 / 吱扭吱扭上房子（适合复杂句阶段孩子）

儿歌游戏 44 / 小刺猬 / 132

※ 初级语言目标 / c（适合无口语阶段孩子）

※ 中级语言目标 / 小刺猬（适合词句阶段孩子）

※ 高级语言目标 / 小刺猬真滑头（适合复杂句阶段孩子）

儿歌游戏 45 / 五指歌 / 134

※ 初级语言目标 / s（适合无口语阶段孩子）

※ 中级语言目标 / 上山（适合词句阶段孩子）

※ 高级语言目标 / 上山打老虎（适合复杂句阶段孩子）

附录 1　136

附录 2　137

Chapter 1

评估与准备

语言是人类沟通与表达情感的桥梁，对于孤独症儿童而言，语言的获取和使用往往存在着较大的困难。本章意在探讨孤独症儿童的语言评估与训练前应做好哪些准备，以帮助家长、教育工作者和康复专家更好地理解和支持这些特殊孩子的语言发展。

准备工作 1

※ 评估语言能力 ※

请阅读下面的内容，了解 0 ~ 6 岁宝宝语言能力发育基本的状况。

评估的目的不是为了对孩子进行任何形式的批评或判断。相反，它是为了帮助我们更好地了解孩子的语言发展，并提供适当的支持和资源。

0 ~ 6 岁宝宝语言能力发育指标

1 个月内： 出生 1 周的宝宝处于最初发声的阶段，这时宝宝会发出两种声音，一种是哭声、一种是细语声，如“ɑ”之类的声音。1 周后，宝宝开始喜欢听到爸爸、妈妈和他说话，并与人“交谈”，和他说话时他会发出“咿呀”声，并且能够辨认出妈妈的声音。

2 个月内： 该阶段的主要特征为反射性发音，宝宝会发出“ɑ、o、e”3 种或 3 种以上声音，该阶段的发音部分决定于宝宝声道的生理结构。

3 ~ 4 个月： 3 个月时，宝宝开始发出一些舒适状态的声音，比如“呵呵”的笑声，能大声地发出类似元音字母的声音，如“ou”“h”“k”“ɑi”，有时还会长声尖叫。4 个月的宝宝在这个阶段喜欢与大人对话，并且能够自言自语，“咿咿呀呀”。能喊叫也能轻语，大声笑，发出平稳哭泣声，还能对音调进行模仿。

5 ~ 6 个月： 家长在宝宝面前呼唤他名字时，他会注视家长微笑；熟悉的人或玩具在宝宝面前时，他会对人和玩具“说话”；宝宝高兴时，他会模仿家长发出“baba”“mama”的声音。宝宝发出的声音虽然还不是成熟的语言，但是宝宝明显能更好地控制声音了，除了对声调、音量的不同有反应之外，对责备的话语也有反应了。

7～8个月：这时的宝宝已经会说出一两句“baba”“mama”了，语言发展进入了敏感期，可以发出比较明确的音节了。这一阶段宝宝的发声明显增多，并且理解成人语言的能力也得到增强，开始慢慢地懂得用语意认识物体。宝宝不仅能把母亲的声音和其他人的声音区别开来，还可以区别成人不同的语气，也能够大概听懂他熟悉的话语，如“宝宝乖”之类。

9～10个月：宝宝在这个阶段不仅能听懂家长常说的词语，而且已经能用简单的语言以及较为清晰的发声来回答家长的问题。

这时的宝宝可以主动地叫“妈妈”了，也很喜欢模仿成人发声；会不停地重复说一个词；懂得家长的“命令”，对要求他不去做的事情，他也会遵照家长的要求。

11～12个月：在这个阶段，宝宝开口说话时，会说个不停，还很喜欢模仿家长的说话方式；在回答问题时，首先尝试用语言回答，遇到他不会说的，再通过动作来回答；开始区分不同词的意思，并学习造句，能够对简单的语言要求做出反应。

在正确的教育下，12个月的孩子可以说出“爸爸、妈妈、姨、奶奶、抱”等5～10个简单的词，并常用一两个词来表达自己的意思和情绪。家长可以观察宝宝在说“不”的时候会不会摇头，用动作来辅助语言；会不会发出一些惊叹词，经常模仿父母的发音。

2岁：宝宝的语言能力开始由单、双词句向完整词句发展，由于其发音器官发育不成熟，会存在许多语音错误，例如，在初期会把“汽车”发成“汽汽”或“车车”，会用“d、t”替代“g、k”，同化如“老公公快快来”变成“老蹦蹦派派来”等；能简单复述家长给他讲的短小故事；经过练习能背诵5～7首儿歌或短诗。

3～4岁：宝宝的词汇量可以达到200个以上，会使用礼貌用语，和家长进行完整的对话，表达自己的想法等。

说话内容更丰富，能完整地描述事件，并对语言有了一定理解，会故意重复说一些自己认为有意思的词。

这一阶段，宝宝开始爱讲故事，有的还能生动地讲出有趣的情节；模仿家长说话的用词和语气并运用到自己的社会交往中，所以家长要特别注意自己平时的措辞和语气。

当宝宝心情好的时候，家长可以让宝宝把当天幼儿园里发生的有趣事情告诉自己，宝宝会绘声绘色地描述，少数宝宝还能加上自己的评价。

5～6岁：宝宝开始喜欢听故事、笑话，也喜欢读故事，在欣赏文学作品的基础上，会初步归纳主题，比如，一个故事讲述的是什么意思；具备比较成熟的语法知识，会询问抽象词语的意义并尝试运用，能使用语言描述过去和未来的事件；当别人语法错误时，还可以进行指正，例如，当有人说“知不道”时，他会说：“应该说‘不知道’，你错啦！”

根据下面的"孤独症儿童语言与沟通发展能力评估表"来做出基本的判断

孤独症语言与沟通发展能力评估表只是一种工具，可以帮助评估孩子的语言能力和交流技巧。通过自测可以能够获得更全面的信息，帮助家长更清晰了解孩子当下所处的困难与需求，从而更好地制订个性化的干预计划，以促进孩子的发展。

孤独症儿童语言与沟通发展能力表

序号	评估范围		评估项目	参考月龄	备注
1	语言与沟通前能力	非语言沟通能力	目光接触		
2			脸部动作	0 ~ 6 个月	
3			手部动作	0 ~ 6 个月	
4			迎合的头部与身体动作	0 ~ 6 个月	
5			抗拒的头部与身体动作	6 ~ 12 个月	
6		分辨声音	对声音的位置、音量、音调做出反应	6 ~ 12 个月	
7			分辨人的声音与其他声音	0 ~ 6 个月	
8		口腔器官的运动	双唇的运动	0 ~ 6 个月	
9			舌头的运动	0 ~ 6 个月	
10			牙齿的运动	6 ~ 12 个月	
11	语言模仿	模仿单音	模仿"a、i、u"	6 ~ 12 个月	
12			模仿"o、e、ü"	0 ~ 6 个月	
13			模仿"b、p、m"	6 ~ 12 个月	

续表

序号	评估范围		评估项目	参考月龄	备注
14	语言模仿	模仿单音	模仿“h、d、t、g”	6 ~ 12 个月	
15			模仿“k、f、l、s、ch、n、z、c”	12 ~ 18 个月	
16			模仿“j、q、x、r、sh、zh”	18 ~ 24 个月	
17		模仿叠音词	模仿“爸爸、妈妈”	24 ~ 36 个月	
18			模仿“嘟嘟”	6 ~ 12 个月	
19		模仿表示物品的词	模仿“猫”“狗”“鸭”“鹅”的发音	6 ~ 12 个月	
20			模仿“大”“好”的发音	12 ~ 18 个月	
21			模仿数量“1 ~ 10”的发音	18 ~ 24 个月	
22		模仿动词	模仿“跑”“爬”“打”的发音	18 ~ 24 个月	
23			模仿动物的叫声与动作	12 ~ 18 个月	
24		模仿方位词	模仿“上、下、左、右、里、外”	18 ~ 24 个月	
25	语言理解	名称指令	对自己名字有反应	0 ~ 6 个月	
26			指令	6 ~ 12 个月	
27			理解“你、我、他”	12 ~ 18 个月	
28		指认	指认身体部位	9 ~ 12 个月	
29			指认	12 ~ 18 个月	
30			指认家具	18 ~ 24 个月	
31			指认餐具	24 ~ 36 个月	
32			指认家庭成员	12 ~ 18 个月	
33			指认自己	18 ~ 24 个月	
34			指认动物	30 ~ 36 个月	
35			理解上午、下午、晚上	36 ~ 48 个月	

续表

序号	评估范围		评估项目	参考月龄	备注
36	语言理解	动作指令	理解肯定的动作指令	9 ~ 10 个月	
37			动作指令	10 ~ 12 个月	
38			理解“拍拍手”“跺跺脚”“眨眨眼”等并做动作	18 ~ 24 个月	
39			理解“拉车”“推车”并做动作	36 ~ 48 个月	
40			理解“宝宝睡觉”并做动作	36 ~ 48 个月	
41			理解“先——然后——”指令	48 ~ 60 个月	
42		理解形容词的含义	理解大小	24 ~ 36 个月	
43			理解形容词的含义	24 ~ 36 个月	
44			理解长短	36 ~ 48 个月	
45			理解高矮	36 ~ 48 个月	
46			理解相同	36 ~ 48 个月	
47			理解“最”	48 ~ 60 个月	
48		理解事物关系	理解整体与部分关系	24 ~ 36 个月	
49			理解事物关系	36 ~ 48 个月	
50			理解条件关系	48 ~ 60 个月	
51			理解因果关系	48 ~ 60 个月	
52			理解转折关系	60 ~ 72 个月	
53	语言表达	表达要求与回答问题	表达照顾者称呼	9 ~ 12 个月	
54			表达要求与回答问题	24 ~ 36 个月	
55			表达常见物品	18 ~ 24 个月	
56			表达身体部位	24 ~ 36 个月	
57			表达水果	24 ~ 36 个月	
58			表达“不”	24 ~ 36 个月	

续表

序号	评估范围		评估项目	参考年龄	备注
59	语言表达	表达要求与回答问题	表达干净、热、冷	24 ~ 36 个月	
60			表达大小	24 ~ 36 个月	
61			表达多少	24 ~ 36 个月	
62			表达“最”	24 ~ 36 个月	
63			表达长短	36 ~ 48 个月	
64			表达高矮	36 ~ 48 个月	
65			表达胖瘦	36 ~ 48 个月	
66			表达粗细	48 ~ 60 个月	
67			表达相同与不同	48 ~ 60 个月	
68		说短语	表达数量的短语（如：两只狗）	36 ~ 48 个月	
69			表达颜色的短语（如：红气球）	36 ~ 48 个月	
70		说句子	表达自己活动的主谓句子（如：宝宝睡觉）	24 ~ 36 个月	
71			表达他人活动的主谓宾句子（如：妈妈抱宝宝）	36 ~ 48 个月	
72			表达有时间修饰的句子（如：早上妈妈抱宝宝）	48 ~ 60 个月	
73		主动提问	主动表达允许或请求	18 ~ 24 个月	
74			主动表达特殊疑问（如：这是饼干吗？我能吃吗？）	48 ~ 60 个月	
75			主动表达原因的问句“为什么”	60 ~ 72 个月	
76		复述	复述 1 ~ 2 个句子	48 ~ 60 个月	
77			复述	60 ~ 72 个月	
78		主动描述	描述正在发生的事情	24 ~ 36 个月	
79			描述已经发生过的事情	36 ~ 48 个月	

了解孩子语言发展不同时期的目标和计划

与无口语儿童做游戏

初阶语言

一、建立对父母的依恋

普通儿童长到6个月龄后，会逐渐发展出对父母或者代养人的依恋感。而孤独症谱系儿童产生这种依恋关系的时间比较晚，甚至根本不会产生这种感觉，这就导致孤独症谱系障碍儿童社会性意识薄弱，情感淡薄，互动起来困难，主动语言也会较少。比如，他们对家长的呼喊声视而不见或听而不闻，但对特定声音可能较敏感，因此家长可以通过唱儿歌来测试和辨别孩子的眼神关注与依恋关系。

有些孤独症谱系障碍儿童似乎也表现出对家长的亲近，但与普通儿童的区别是不能目光对接、有效地表达需求，从而无法建立情感联结。通过儿歌童谣的亲子互动游戏可以快速地提升亲子依恋关系，让孩子产生情感互动和联结。

二、排除器质性病变

家长若发现孩子到9个月大还无口语，甚至从未有过哭闹和发声，就要去医院做相关的检查。一般新生儿出生后就会大声啼哭，3个月后就能发出咯咯笑声。大量研究显示，手指儿歌游戏伴随互动动作，如挠痒痒等，可以刺激孩子发出咯咯的笑声。增加儿童笑声是对无口语儿童语言施加刺激的一种有效方法。

三、建立声音模仿库

七八个月龄的孩子开始咿咿呀呀自主发声，当孩子自主无意识发声时，家长应建立声音库把无意识音进行收集，并通过儿歌童谣的互动方式进行转换音强化，让孩子感受到发声的意义。例如，孩子有“baba”的音发出时，我们可通过“爸爸好，爸爸好”等儿歌童谣进行塑造、强化，赋予“baba”音为有意义的口语。

与词句儿童做游戏

中阶语言

一、建立互动规则关系

当孤独症儿童有了一定的语言发音基础后，受核心障碍的影响，孩子会形成机械刻板式的语言表达方式，如会说“baba”后，看见所有人都会说“baba”；或者让他叫“爸爸”，他会仿说“叫爸爸”。显然，从语言功能沟通意义上来说，孩子并非真正习得了语言。

在孤独症儿童的生活里，他们经常做且积极主动做的就是寻求自我的满足刺激，他们无法参与到互动游戏里面，更没有办法运用自己所学的语言去享受游戏规则带来的乐趣。普通儿童在习得了语言之后便开始自主使用，开始与家长进行咿呀学语的亲子互动游戏，他们希望在这段亲子互动中，感受到爱和关怀，感受到语言沟通带来的趣味。

当孩子进入词句阶段时，一般是2岁后，随着孩子的亲社会性发展，孩子渴望游戏带来的社会互动感。人本主义心理学家马斯洛认为，当儿童生理的、安全的需要得到满足时，儿童就渴望拥有自己的归属感，成为团体的一员，渴望与他人建立深厚的感情。例如，在玩“挠痒痒”亲子游戏时，不再是单纯地寻求感官的安全感，而是渴望互动规则下的游戏（挠痒痒时候的突然停顿或者在要挠时候的等待）。

二、面对面情感目光对视

一般来说，孤独症儿童注意力范围具有局部性，不喜欢关注人脸，特别是眼神对视，他们只会关注自己感兴趣的特定事物，对周围环境与人之间的信息并不在意，他们关注的点总是其他人注意不到的事情，比如，在游乐场，大家都去玩自己喜欢的玩具，而他们可能只关注某个玩具上的齿轮是如何旋转的。

普通儿童在 9 ~ 12 个月时会根据妈妈的眼神，进行人与物的眼神转换，从而建立良好的共同关注。研究表明，孤独症儿童注视他人面孔与普通儿童注视的时间、区域完全不同。孤独症儿童对面部非核心区域的注意分配时间远远高于核心区域（眼睛、鼻子和嘴巴），且多数集中在面部的下半部分。所以这也是为什么家长在与孤独症儿童互动时，特别是单词句阶段，要充分关注有感情的眼神互动。通过加强眼神的接触、目光的对视能增加感情上的互动，从而使单词句语言达到沟通交流的意义，让孤独症儿童不仅学会语言，而且要真正懂得使用语言进行交际。单词句的使用代表着孤独症儿童在语言发展里程碑上的一次新跨越。

三、观察以及适当等待

一般而言，儿童在开始学习语言后会进入一个语言的关键时期叫“语言爆发期”，一般在 3 岁以内，这个时期儿童喜欢不停地说话，学习说话特别是词语的速度非常快，并且几乎掌握全部语音。此刻普通儿童还会受词义的影响常常出现“造词现象”，但 2 岁后，儿童逐渐出现比较完整句子，如从原来单词句叠音“抱抱”

增加到简单句“妈妈抱我”。

普通儿童在词句阶段未呈现明显的发展界限，特别是在叠音、字、词、短语、简单句等层面，在开口说话后，随之而来的就是说词语、短语或句子，有些儿童可直接从叠音到短句阶段；但孤独症儿童却存在明显的差别，从开口说叠音到简单句，家长需要观察、等待，并给予适度的干预指导（如2岁了还一直说叠音，在游戏互动时，家长可通过少量的字词命名来丰富孩子语言），不然孩子很难按照年龄发展规律自然进阶。

这就要求家长在引导孩子说话时，要特别关注孩子的语言发展阶段，给予适当的观察、等待，家长不要因为孩子语言发育迟缓，而一味着急强加语言干预，否则孤独症儿童语言可能在此阶段出现“语言退化现象”。

与复杂句儿童做游戏

高阶语言

一、创设语境，诱发主动思考提问

孤独症儿童达到复杂句阶段将会是在语言发展上一个大的挑战。他们不能合理地思考和组织语言，因为大多数长难复杂句来自语言环境的模仿，所以会出现强制挪用不合理语境的现象。例如，当孤独症儿童看过动画片《熊出没》后，会出现延迟模仿动画片中的语言，“嘿，强哥不威武，当我是病猫啊”这句话可能会突然地出现在他因找不到玩具而着急的情况下。

在亲子互动游戏时，家长通过情感动作导入让孤独症儿童身心放松、身临其境从而达到共情，当语言与情感交织时，孩子的感受性会增加，这时，家长可以说一些符合场景的情景指导语，使孩子置身其中，并进行主动思考。例如，亲子在玩儿歌接唱游戏“小猴子荡秋千”时，从“五只猴子荡秋千，嘲笑鳄鱼被水淹，鳄鱼来了，鳄鱼来了，啊呜，吃掉了一只”——一直到“没有小猴子荡秋千，鳄鱼还饿怎么办？”从互动的趣味中，启发孩子手动思考并回答问题。

二、制造适度障碍，获得分享控制权

达到高阶语言阶段的孤独症儿童都具备了一定基础的心智理解能力、注意力以及社会互动能力，他们能够理解简单的游戏规则，并喜欢寻找他人一起玩耍。作为游戏主导的家长们要用分享控制权，来调控孩子的活动内容和奖惩项目，从而提高孤独症儿童继续参与游戏的动力，创造语言表达的机会。例如，家长可以为孩子提供表达的机会，让孩子自主选择喜欢的儿歌《手指谣》进行互动，虽然儿歌互动可以改变规律、增设不同程度障碍让儿童继续保持兴趣，但要适度。

在生活中，通常可以看到两种不尽如人意的情况。一是家长为孩子安排好一切，孩子只能听从指令。二是家长什么都由着孩子。所谓的分享控制权，就是要防止这两种极端。孤独症儿童与普通儿童一样，在做自己喜欢的事情时，特别有动力。例如，孩子说：“我要玩积木。”家长就把积木给孩子玩，甚至与孩子一起玩积木，并谈论与此有关的话题。这样，孩子不仅可以在玩耍中学习，而且还渐渐明白他们使用语言的重要性，从而为今后使用语言增加了动力。另外，孤独症儿童有时会做出一些危险性的行为，或自我刺激性的重复动作。在这些情况下，家长就不能任由孩子伤害自己，应实行必要的控制，如转移孩子的注意力和兴趣等。

三、转述与轮流，扩展丰富语言

转述表达是锻炼孤独症儿童语言运用的一种良好方式。孤独症儿童在达到高阶语言阶段时，常常出现在心智解读上的缺陷，通过转述可以很好地调整这一缺陷。例如当孩子第一次看见门口没有保安叔叔值班时，父母会告诉他“保安叔叔不在，是因为现在是吃饭时间，去吃饭了，没有人值班”，那么当孩子再次或多次路过门口看见保安叔叔不在时，便会用“保安叔叔去吃饭了”的语言表达句式。但突然有一天在吃饭时间，又有个阿姨在门口检查通行证，孩子可能无法理解这种变化，这时家长可以引导孩子去主动询问：“阿姨，你是保安吗？你中午怎么不吃饭呢？”当阿姨回答后，家长可以再次询问，让孩子转述刚才阿姨说的话，以提升孩子的心智，增加语言理解能力，不断扩展语言运用的丰富性和实践性。

由于多数孤独症儿童无法进行恰当的转述，所以家长与孩子需要建立好良好的亲子互动关系。家长可以通过轮流互动游戏，让孩子更能积极主动地学会语言表达。轮流游戏是孩子非常喜欢的游戏类型。首先，孩子可以尝试分享控制权，由原来被动地接受语言转换到主动表达。其次，他能在游戏中得到自我强化，孩子在家长主导时，家长往往看到的都是孩子的自我刺激行为，无法给予孩子在空闲时间自我满足的机会。当孩子轮流到自我控制时，有充分自我满足强化的时间，家长要适当满足，同时也要给予控制。再次，孩子轮流时有足够的机会获得自我满足，给孩子带来很强的动机去参与游戏，家长只需观察孩子在参与游戏时发现孩子的不足并加以示范指导即可。例如，在唱亲子互动儿歌《口香糖》时，当轮到孩子去唱儿歌，唱到“粘哪里”时，他会先呵呵笑，体验粘到身体某部位的感受，然后才说“粘脖子里”，在这过程中，他可能会无法关注到别人的体验感，但他参与游戏的积极性很高，那么作为家长可以根据孩子的反馈加入规律改变（口香糖粘哪里？粘到可以看东西的地方），不仅使孩子的语言理解能力和表达能力得到快速锻炼，也能帮助孩子适当调整自我。

※心理准备※

准备工作 2

耐心观察，不上手

不多说

家长与孩子互动时，常常停留在语言层面，家长不停且重复地说，认为说得多了语言就丰富了，把重点放在说话上，与孩子互动就减少了，亲子互动游戏就像“语言”一样在孩子耳边飘走，极大地阻碍孩子的注意力维持、动机的确立以及亲子关系的建立。

当家长在唱《拔萝卜》这首歌时，发现孩子能够安静下来，停下手中的玩耍，回头看向自己，此刻多数家长会迫切地给孩子塞入大量的语言刺激并不停地发指令，从而导致孩子心灰意冷并转移注意力。当观察到孩子回眸的那一瞬间，作为家长要控制自己的语言，快速地把互动建立起来，迎过去拉着孩子小手做“拔”萝卜的假扮动作，并同时说出“拔”这个单字音，家长的语言环境提供就此结束——就这么简单。这样做，孩子不会排斥家长，也不会阻碍亲子关系的建立。对于孤独症儿童来讲，说话是一种需要付出巨大努力的能力，家长不应给予孩子语言上的太大压力，做到不多说，只说有用的、孩子能接受的话。

不上手

家长与孩子互动时要放下身份、放松心情，以一个玩伴的角色参与互动。随时随地不需要准备工具，只是一场简单的游戏。游戏不分高低，开心没有枷锁。不是因为你是家长，你就比孩子多开心；不是因为你的孩子特殊，就剥夺孩子游戏的乐趣。

一首简单的儿歌童谣，只要孩子开心参与，那便是成功了一半；不论他有没有跟随或独自说唱，总归是一种好的趋势。

家长要有耐心去参与互动，不能总是高高在上用角色赋予你的力量去压制孩子，当孩子有一点没有达到你的标准时，就按捺不住地训斥孩子，或是动手教训孩子，什么都替孩子做了，使孩子失去主动学习的机会。

孩子不会盲目地去做任何事情。任何行为都是有功能的，哪怕是“不停地转圈、尖叫、跑过来跑过去”等，都是在寻求身体感官的满足，而且这样做孩子很舒服。家长只要耐心观察，孩子究竟想做什么，从“帮助者”的角度去给予孩子需要的帮助。例如，孩子想通过转圈让自己心情好一点，家长不妨在合适的环境给予满足一下，正如你天天上班很辛苦，回家想放松一下刷手机是一样的。如果“动手”能解决孩子的问题，那可谓是“载入史册”了。

了解个性，要开心

孤独症儿童有着核心的特质，家长可以沿着核心特质了解到孩子的个性特点。如孩子喜欢做某件事情甚至达到着迷的状态；对机械记忆的内容能快速掌握规律并获得识记、保持的能力；兴趣范围没有那么广泛，可能只喜欢一种或几种物品等，都可以作为了解孤独症儿童的途径，当然这些个性特征并没有好坏之分，不是只有孤独症儿童才有这种特征，而是每个儿童的身上都有多种特征来体现他的独特性。

作为家长只是凭借着了解孩子的个性特征来走进他们的内心深处，每个人都希望得到别人的接纳和认可，顺应是每个人能自然接受的，那改变是每个人从本能上不能主动接受的。例如，一个成年人每天习惯起床先洗脸再刷牙这样的步骤，如果有人告诉他这样不好，要先刷牙再洗脸，可以避免牙膏沾到脸上。一般人在接收到这个信息后会刻意地调整改变，但并不容易，刚开始调整时身体的原始反应还会按照原来的方式进行，所以大部分人在做出改变后很难维持下去，达到真正的转变。但当家长遵循孩子内心的想法去做事情时，孩子肯定是欣然接受的，并且还特别开心很有成就感，即便是在实施过程中稍有变动规则，也是可以接受的。这就是为什么家长在互动中要特别关注孩子的个性，要让孩子开心起来。

在亲子互动中家长顺应孩子的个性特征，会自然地匹配好亲子关系。如果不关注孩子个性需要，家长只一味地要求孩子按照自己的方式去执行，势必形成对立违抗型亲子关系；如果在了解到孩子的个性特点，顺着孩子喜欢的方式进入互动，孩子会很开心，从而迅速建立融洽的亲子关系。家长在获得孩子喜欢和不排斥的基础上加入规则，孩子是可以做到自我调节的。

跟随兴趣，多变换

在匹配到亲子关系类型后，家长可以适当做一些自我调节。如果是内向型的家长，可能无法做到面对孩子一下子活泼起来，那么只需要进行简单的调节即可，尽自己最大努力玩起来。最大限度地把玩具或者其他孩子感兴趣的事情玩出不同花样，比如，回力车可以通过拉力操作实现来回运动，可以放在跑道上玩、可以当作赛车玩也可以当作跑车玩等，总之，玩出玩具的“天花板”。这种出其不意、不按套路出牌的玩儿正是拓展孩子兴趣范围，产生互动动机的切入点。

若孩子喜欢《挠痒痒》儿歌互动，家长可以准备10首儿歌围绕孩子的兴趣进行变换。例如，插放儿歌《小老鼠上灯台》在唱到“叽里咕噜滚下来”时可以在身上做挠痒痒动作；播放儿歌《小白小白爬楼梯》时可以做爬楼梯的动作；播放儿歌《小蚂蚁》时可以做爬呀爬的动作等，这些动作都可以让孩子对一首儿歌词语有个初次体验，孩子不呈现排斥就是成功了。在进行到2～3次时就可以截止了，调换到其他互动中，既丰富了孩子的体验感，又让其很开心地感知并接受不同的兴趣爱好。

在刚开始进行亲子互动时，家长无须要求孩子拓展丰富的兴趣，只要孩子不拒绝并跟随儿歌互动，就是成功的第一步。在兴趣跟随时，家长要时刻观察孩子的眼神、动作等非语言的特征，孩子想中止互动或者没有兴趣时会通过这些特征告知家长。有些能用语言表达的孩子，家长应鼓励孩子用口语表示不喜欢或要唱哪首儿歌，提高孩子的口语表达能力。

适时介入，不巴结

在进行亲子互动时，很多家长有挫败感，感觉孩子回应少甚至没有回应，从而打击了家长继续进行互动的积极性。甚至很多家长在学习了这种亲子互动后，强制要求孩子进行互动，那就脱离了互动的核心本质。即便孩子有回应，也是常见的孤独症谱系障碍儿童的“无情感的回应”，还会有人说，这些孩子没有情感。其实不然，孩子的情感一直在，只是家长没有激发出来。

当家长与孩子互动时，孩子回应少或者没反应，家长就迫切地想得到孩子的回应，从而采取极端的方式，如强迫孩子互动或上手教训孩子。其实家长不需要一天持续性的情绪高涨，但在与孩子互动时，一定要保持热情高涨、情感充沛的状态，家长是在用自己的情感来激发孩子的热情和语言能力。这个时期家长能做到的就是每天和孩子至少半小时的儿歌互动，坚持做下去，孩子会给你惊喜。

当孩子有些许回应时，家长心潮澎湃，甚至有些“得意忘形”。因为家长总是以自我为中心，所以他们渴望孩子给予回应，孩子的世界是无奇不有的，给予的回应也是多种多样的。家长想要孩子在体验《开摩托》儿歌时给予语言回应，是因为家长不仅总是站在自己设想的结果那里等待孩子回应，而且还承受不了孩子没有回应时自己的尴尬境地，并不是站在孩子的角度和实际能力给予介入。因此家长只需唱儿歌、做动作，给予孩子介入互动的机会，稍加等待也不应责怪孩子，孩子没有立刻给予回应也没关系，因为孩子也不知道能否做到后续的互动。

准备工作 3

※原则与态度※

培养孩子主动性

在孤独症儿童训练中，家长接触较多的是ABA（应用行为分析）技术，在运用该技术时，家长习惯采用“传授”模式给孩子信息和指令，往往忽略了培养孩子的主动性。对于孤独症儿童的训练，实证方法特别多，家长可以根据自身擅长的领域和学习的训练方法，匹配符合孩子需要的训练方式。

家长可以通过示范的方式诱发孩子的主动性学习动机；通过延迟的方法适当等待孩子的回应；通过提示的方法给予孩子恰当的帮助；通过独特的互动机制让孩子喜欢并保持互动；通过社交游戏解决孩子的语言沟通问题。培养孩子主动性的有效方法就是家长要控制自己的辅助提示，在孩子处于安全的环境下，家长尽可能地放手让孩子参与进来。

语言启发为导向，语言沟通为目的

家长对孤独症儿童有个错误的认知就是让孩子开口说话，甚至认为，“自己家孩子什么都懂，就是不说话，只要开口说话就好了”。其实对于孤独症儿童而言，多数未出现语言器质性障碍，开口说话并不难，困难的是会不会使用语言进行有效沟通。

家长“竭尽全力”让孩子开口后，要尽快提高他们的语言应用能力，不然孩子还是很难掌握长难句的应用，达不到语言的实际功能——沟通交际。通过亲子互动不仅可以让孩子有开口说话的机会，还能有效地使用语言进行交流。

面对面游戏形式

家长需要跟孩子面对面进行互动游戏，让孩子看到自己的面部表情和动作，充分感受到家长的情绪及声调动作等，这样不仅可以提高游戏的趣味性，还可以为孩子做好示范，让孩子积极主动地参与到互动游戏中。

家长可以让孩子坐在对面椅子上进行互动游戏，如果孩子不愿意就背对着家长坐，在双方对面各放一面镜子，使双方能在镜子中看到对方，以达到面对面游戏互动的目的。

有情感的参与

若家长想要孩子习得的语言有功能性、语调语态自然，家长情感的参与最为重要，孩子可以在有家长情感参与的互动中体验到亲密感，使他们情绪更加稳定，语言表达更自然流畅。

家长通过情感的参与可以让孩子主动说话，因为家长给予孩子的是自然的语言，所以孩子模仿的语言也会是自然的、主动的；父母还可以通过夸张的动作、表情、声调等来烘托气氛，吸引孩子的注意力。

若孩子长期处于家长命令控制下的语言环境，孩子的情感将受到限制，更容易产生紧张局促、无法表达情感的现象，无法在亲子互动中感受到快乐和习得自然的语言。

正向引导

家长常常对孩子有较高的期望，但在进行引导时会被孩子给予的回应所打击，丧失自己的忍耐与坚持，陷入心之所向，望而却步的无奈境地。孤独症儿童就像脚陷入了泥潭中，需要家长有技巧地给予孩子帮助。如果使用蛮力，孩子的“脚会被拉断”；如果是不给予帮助，孩子的未来不言而喻。家长都知道以上两种方法都是极端且不可取的，但作为家长常常因为身处其中没有办法，难以理性思考，作为家长，并不为过。这就需要父母通过掌握技巧给予孩子真正的帮助，那些“你真笨”“嗨，真想揍你”“无药可救”等语言且伴随情绪的到来，会让孩子承受巨大的心理负担和压力，让本来就无法流畅表达的孩子更加倾向于“闭嘴”。

孤独症儿童因为心智受限，无法理解他人给予的负面语言，如“不可以”“不行”“别这样”“你能不能不要这样做”等，无疑给其在语言理解上增加了难度，让孩子更加难以掌握语言沟通的技巧。家长和孩子亲子互动时，应多采用积极的肯定句、描述句、观点句等进行指导，如肯定句“你在努力地学说话，真是个勤奋的孩子”；描述句“他像黑猫警长一样，学会了过硬的本领”；观点句“我喜欢努力学习说话的孩子”。

拓展兴趣范围

兴趣狭窄往往会导致互动中止或产生无互动动机的情况，家长要紧密跟随孩子的兴趣导向，保持互动的连续性从而创造说话的机会。有很多家长反馈，“我们孩子也会玩，但都玩不了太久，对玩具或者事物的兴趣维持时间很短”，这都是属于孩子的核心特质。普通儿童，出于对世界的好奇，对很多未见过的事物都会感到好奇并进行探索，他们会拿拿这个、摸摸那个，通过触摸感知事物，但孤独症儿童常常只是对某一种类的事物有好感并持续进行的感知觉寻求把玩，如会不停地看汽车轮胎旋转，其实并没有感受到汽车玩具带来的愉快感。

当家长想让孩子给予自己充分的语言回应时，可以在亲子互动中加入大量能拓展孩子兴趣范围的元素，提升孩子主动说话的需求。例如，孩子喜欢儿歌《一只哈巴狗》，家长可以加入更多的元素进行拓展，如加入动作（手势）来提高孩子的视觉模仿能力、加入声音（汪汪叫）来提高孩子的兴趣、加入肢体互动（假扮咬骨头）来提高孩子的参与度；为孩子理解语言营造丰富的语言环境。不仅如此，家长还可以通过一首儿歌互动拓展到童谣、律动、手指谣、玩具控制等多重线索的链接，使孩子的兴趣范围伴随着语言丰富起来。

※ 本书所选儿歌根据实际训练内容，个别字、词、句会有适应性调整，与传统流传版本存在细微差异，特此说明，敬请谅解。

10个基本家庭实施策略

孩子愿意开口便是一个大的突破，家长切忌要求过高，反而抑制了孩子的积极性。无论孩子语言发展到何种地步，家长都要积极地通过抚摸、搂、抱、亲等动作安抚孩子，与孩子建立起互动。家长操作要做到三个“有”，即有“耐心、有目标、有情感”。

策略1 突然中止（唱着唱着不唱了）

儿歌游戏 / 数鸭歌（示例）

√目的 / 建立互联注意，激发孩子主动语言。

初级语言目标

g/a/ga（适合无口语阶段孩子）

中级语言目标

一群鸭（适合词句阶段孩子）

高级语言目标

数不清到底多少鸭（适合复杂句阶段孩子）

门前大桥下，游过**一群鸭**

快来快来数一数，二四六七**八**

咕**嘎**咕**嘎**，真呀真多呀

数不清到底多少**鸭**

训练操作技巧

1. 家长唱“门前大桥下，游过一群——”时，忽然停止发音，手在比画鸭子的形状时动作也中止，当孩子的注意力被这一停顿吸引，眼神看向家长，家长配合着表现出“鸭”的口型，依旧没有发音，直到孩子跟唱，一起唱出“鸭”这个字。

2. 当家长唱“二四六七——” 时，忽然再次中止，动作也随之暂停，孩子再次被吸引，看向家长，家长得到反应继续唱“八”这个字。多次重复后，孩子会跟随唱出“a ”字的发音。

3. 家长在唱到“咕嘎咕——”时忽然中止，使用同样的方法，配合着口型“嘎”的演示，引导孩子自主说出“嘎” 的发音。

4. 家长在唱完“真呀真多——”时忽然中止，使用同样的方法，引导孩子自主说出下一个字“呀”。

5. 家长在唱完最后一句“数不清到底多少——”时，仍然使用突然中止的方法，多频次引发“鸭”的音得到练习和使用，孩子就能自主学会“鸭、嘎、啊”等音。

6. 家长在操作中级语言目标及高级语言目标时，仍然使用同样方法，家长要灵活调整难易程度，若孩子多次失败，就要降低语言目标等级，如从中级降低到初级。

策略 2 假装唱错（唱错词或跑调）

儿歌游戏 / 拔萝卜（示例）

√目的 / 培养孩子的主动性和学习兴趣，让孩子主动表达。

初级语言目标

b/a/ba（适合无口语阶段孩子）

中级语言目标

拔萝卜（适合词句阶段孩子）

高级语言目标

快来帮我们拔萝卜（适合复杂句阶段孩子）

拔萝卜，**拔**萝卜

嘿哟嘿哟，拔萝卜

嘿哟嘿哟，拔不动

快来帮我们拔萝卜

训练操作技巧

1. 家长唱“拔萝卜，拔萝卜，嘿呦嘿呦，拔萝卜”时，故意把“拔萝卜”唱错成“背萝卜”或其他孩子已经掌握且引发孩子关注的字、词或音都可，家长故意唱错的字声音变大，吸引孩子的注意力，当孩子看向家长时，家长快速大声唱“背萝卜”，等孩子纠正“背”为“拔”的音。

2. 家长唱“嘿呦嘿呦，拔不动”时，故意把“拔不动”唱成“推不动”并做出拔的动作，引导孩子纠正不匹配的发音或字词，让孩子主动说出是“拔”。

3. 家长唱“快来帮我们拔萝卜”时，仍然使用故意唱错的方法，把“拔”唱成其他孩子感兴趣的动作发音，让孩子感觉很有趣，并主动说出“拔”。

4. 家长在唱时要灵活自然，不强迫孩子必须说话，故意唱错的字词音可以以孩子感兴趣的动作，如挠、拍、敲等故意唱错，引发孩子感兴趣并主动说话。

5. 家长在操作中级和高级语言目标时，仍然使用同样方法，但需要结合自己孩子语言发展水平提高语言目标，若孩子多次尝试失败，要降低语言目标。

发音练习进度打卡

日期	练习内容	目标发音	练习时长（分钟）	完成情况（√/×）	家长/治疗师评价	孩子反馈/表现
2023-05-21	单音节字发音练习（如“ɑ”）	清晰发出“ɑ”音	15	√	孩子今天发音较为准确，能够持续锻炼，配合度好	孩子表现出较高的兴趣，练习时很专注

策略 3 刻意忘记（唱半句留半句）

儿歌游戏 / 黑猫警长（示例）

√目的 / 激发孩子兴趣，提高嵌入式互动语言。

初级语言目标

d/i/di（适合无口语阶段孩子）

中级语言目标

开警车（适合词句阶段孩子）

高级语言目标

小小老鼠哪里逃（适合复杂句阶段孩子）

黑猫警长，黑猫警长，喵喵喵

开着警车，开着警车，**嘀嘀嘀**

小小老鼠，小小老鼠，哪里逃

一枪一个，一枪一个，消灭掉

训练操作技巧

1. 让孩子面对面坐在家长腿上或椅子上，便于孩子看到家长面部表情的变化。

2. 家长选择孩子喜欢的儿歌《黑猫警长》进行哼唱并伴随手指互动动作，及时观察孩子的表情以及眼神追视，获取孩子的注意力和兴趣范围。

3. 边唱边给予孩子肢体互动刺激，在孩子语言表达不好的句式或词的地方进行刻意忘记，让孩子嵌入剩下的语言目标，及时给予孩子表扬。

4. 若家长忘记后等待孩子 5 秒左右时间，若孩子未给出任何反馈，家长可先获取孩子的注意力，并给予低于语言目标的示范（如原语言目标是“开警车”，现在只需提示“开”这个音即可），让孩子模仿并及时给予孩子表扬。

5. 若孩子没有反应或根本无法开口，家长不可强迫孩子开口，只需空出一个单字的空（如“嘀”），多次重复哼唱并做肢体互动维持孩子的兴趣。

6. 若孩子更喜欢听播放器播放儿歌，家长可以一边播放，一边进行肢体互动，要根据孩子的兴趣需要切入，等待孩子主动开口交流。

发音练习进度打卡

日期	练习内容	目标发音	练习时长（分钟）	完成情况（√ /×）	家长 / 治疗师评价	孩子反馈 / 表现

策略 4 改变规律（唱串烧或改词）

儿歌游戏 / 乒乓球上高楼（示例）

√目的 / 培养孩子主动学习语言规律，维持有效注意力，改变特有语言表达句式。

初级语言目标

g/l/u/gu/lu（适合无口语阶段孩子）

中级语言目标

乒乓球（适合词句阶段孩子）

高级语言目标

乒乓球，上高楼（适合复杂句阶段孩子）

乒乓球，上高楼

上上下下，左左右右

咕噜咕噜锤，**咕噜咕噜**叉

咕噜咕噜一个变成三，三变五，五变八

变成手枪啪啪啪

训练操作技巧

1. 家长唱“乒乓球，上高楼，上上下下”时，故意改变歌词如将“上上下下”改为“下下下下”，通过变化词语引发孩子的注意，并等待孩子主动表达。

2. 家长唱“咕噜咕噜锤”时，故意唱串烧。家长唱到“咕噜咕噜锤”时，故意将“咕噜咕噜锤”改为“线团咕噜咕噜”串烧起来，鼓励孩子模仿发音并产生兴趣。

3. 家长唱“咕噜咕噜一个变成三，三变五，五变八”时，改变词或音，如家长在唱“咕噜咕噜一个变成三”时，故意改变数字，如将“三变五”改为“六变九”，引发孩子注意并鼓励模仿。

4. 家长唱“变成手枪啪啪啪”时，改变动作和词，家长唱到“变成手枪啪啪啪”时，故意将“手枪”改为“小猫”或“飞机”，让孩子跟随模仿，促进主动语言表达。

5. 家长通过肢体互动刺激孩子反应，引导孩子主动表达，中级和高级目标依然使用同样方法进行，激发孩子的主动性。

策略5 放慢节奏（拉长音）

儿歌游戏 / 拉大锯（示例）

√目的 / 增加语言的趣味性，激发孩子参与互动的积极性。

初级语言目标

l/j/ü（适合无口语阶段孩子）

中级语言目标

拉大锯（适合词句阶段孩子）

高级语言目标

我们一起拉大锯（适合复杂句阶段孩子）

拉大**锯**，扯大**锯**，姥姥家，唱大戏

妈妈去，爸爸去，小宝宝，也要去

拉大**锯**，扯大**锯**，你过来，我过去

拉一把，扯一把

小宝宝，快长大，我们一起拉大锯

训练操作技巧

1. 家长唱“拉大锯，扯大锯”时，忽然放慢节奏，拉长“la——”音，同时暂停肢体动作，示范延长音，直到孩子跟唱出“la”的发音；家长唱“姥姥家唱大戏”时，忽然减缓语速，在“姥姥”处拉长音并停顿动作，示范延长音，直至孩子模仿“l”。

2. 家长唱“妈妈去，爸爸去”时，忽然放慢“去”字的发音，拉长音节并暂停动作，示范后引导孩子跟唱“去”；家长唱“小宝宝也要去”时，忽然延长“去”中的元音，暂停肢体动作，示范拉长音后等待孩子模仿“ü”。

3. 家长再次唱“拉大锯，扯大锯”时，重复放慢节奏、拉长“la——”音并停住动作，直至孩子主动跟唱；家长唱“你过来我过去”时，忽然在“过来”和“过去”处放慢语速、拉长关键音节，并暂停动作示范，直到孩子跟唱。

4. 家长唱“拉一把，扯一把”时，忽然拉长“拉一把”中的音节，停止所有动作，示范延长音，直至孩子模仿。

5. 家长唱中级和高级目标，仍然使用放慢节奏方式进行，拉长句子和词句并暂停动作，示范后引导孩子跟唱。

策略6 制造干扰（挠痒痒或把手放在嘴巴上）

儿歌游戏 / 哇哈哈（示例）

√目的 / 制造趣味干扰，让孩子爱上语音并学会用语言进行互动和沟通。

初级语言目标

u/a/wa（适合无口语阶段孩子）

中级语言目标

快快来（适合词句阶段孩子）

高级语言目标

我们的生活多愉快（适合复杂句阶段孩子）

大姐姐你呀**快快**来

小弟弟你呀莫躲开

手拉着手儿唱起那歌儿

我们的生活多愉快

哇哈哈哇哈哈，我们的生活多愉快

哇哈哈哇哈哈，我们的生活多愉快

训练操作技巧

1. 家长唱“大姐姐你呀快快来”时，突然用手轻轻挠孩子的手心或胳肢窝，同时停顿片刻，等待孩子反应，鼓励孩子尝试模仿发音。

2. 家长唱“小弟弟你呀莫躲开”时，故意放慢语速，在“莫躲开”时用手轻轻捂住自己的嘴巴，然后迅速放开，示范后引导孩子模仿发音。

3. 家长唱“手拉着手儿唱起那歌儿”时，边唱边和孩子牵手晃动，突然在“歌儿”处停止晃动，同时挠孩子的手背，制造轻微干扰，引导他们关注语音变化。

4. 家长唱“我们的生活多愉快”时，在“多愉快”部分故意放慢语速，同时用手轻轻拍孩子的肩或轻挠手臂，引导孩子模仿发音。

5. 家长唱“哇哈哈哇哈哈”时，突然在“娃”处拉长音，同时轻轻挠孩子的肚皮，引发他们的笑声，等待他们尝试发音“**wa**”；家长再次唱“我们的生活多愉快”时，在想要孩子发音处来回抖动手，震动孩子唇发音，孩子感兴趣并跟随模仿发音 。

6. 家长唱“哇哈哈哇哈哈”最后一遍时，故意用手捂住嘴巴快速在嘴巴位置再快速拿开放回制造出“**wa wa**”的音，孩子会发现发音很奇妙感兴趣，中级和高级目标同样使用这个方法，孩子会快速掌握主动语言。

策略 7 创造规律（1、2、3 开始唱）

儿歌游戏 / 合拢张开（示例）

√目的 / 由简到难，引导孩子主动开口说话。

初级语言目标

p/ai（适合无口语阶段孩子）

中级语言目标

小手拍拍（适合词句阶段孩子）

高级语言目标

爬到小脸上（适合复杂句阶段孩子）

合拢张开，合拢张开，小手**拍拍拍**

合拢张开，合拢张开，小手放腿上

爬呀，爬呀，爬呀，爬呀，爬到小脸上

这是眼睛

这是鼻子

这是小嘴巴！（123 开始唱）！

训练操作技巧

1. 家长在开始唱“合拢张开”前，先轻轻拍手三下（1、2、3），然后才开始唱，示范有规律的节奏，引导孩子注意开唱信号。

2. 家长唱“合拢张开，合拢张开”时，每次唱到“张开”时，故意停顿一秒，让孩子尝试补充后续歌词，培养他们的节奏感和预测能力。

3. 家长唱“小手拍一拍”时，先示范拍手两次（1、2），然后等待孩子自己拍第三次（3），引导他们参与歌曲节奏。

4. 家长唱“合拢张开，合拢张开”第二遍时，在“张开”处夸张地拉长音节，同时轻轻点孩子的手，帮助他们感知节奏变化，并尝试模仿。

5. 家长唱“爬呀，爬呀，爬呀，爬呀，爬到小脸上”时，在“爬到小脸上”前，先倒数“1、2、3”，然后再继续，帮助孩子熟悉语序，并提高语言表达的连贯性。

6. 家长唱“这是眼睛、这是鼻子”时，在每个“这是”前停顿，并用手指指向相应部位，等待孩子尝试说出“眼睛”或“鼻子”。

7. 家长再次唱“合拢张开”时，重复开头的节奏引导（1、2、3 开始），让孩子熟悉规律，尝试自主开口，中级和高级目标同样使用以上方法。

策略 8 搭建桥梁（轮流唱）

儿歌游戏 / 三只小熊（示例）

√目的 / 由简到难，引导孩子主动开口说话。

初级语言目标

ma/ba/xiong（适合无口语阶段孩子）

中级语言目标

好可爱（适合词句阶段孩子）

高级语言目标

有三只小熊住在一起（适合复杂句阶段孩子）

有三只小熊住在一起，熊爸爸，
熊妈妈，熊娃娃

熊**爸爸**身体强壮

熊**妈妈**美丽漂亮

熊娃娃真可爱呀

一天一天长大啦

训练操作技巧

1. 家长先示范，妈妈唱“有三只小熊”，然后故意停顿，让爸爸接唱“住在一起”，随后停顿等待宝宝尝试补充“熊爸爸”；家长在唱“熊爸爸，熊妈妈，熊宝宝”时，轮流分配角色，爸爸唱“熊爸爸”，妈妈接“熊妈妈”，然后鼓励宝宝接“熊宝宝”。

2. 家长唱“熊爸爸身体强壮”时，先由妈妈示范，爸爸接唱“熊妈妈美丽漂亮”，然后鼓励宝宝尝试补充“熊宝宝真可爱呀”。

3. 在唱“真可爱呀”时，家长可以夸张地拉长“呀——”的音，并用肢体动作（如双手托腮、戳戳脸蛋）吸引孩子的注意力，鼓励他们模仿语音和表情。

4. 家长再次唱“有三只小熊，住在一起”时，故意只唱第一句，然后停顿等待宝宝尝试接唱后半句，如果孩子没有反应，家长可以轻声提示或再次示范。

5. 在唱“一天一天长大啦”时，家长可以用手比画身高的变化，并鼓励孩子模仿手势，同时尝试接唱“长大啦——”。

6. 家长可以变换角色，如让爸爸先开唱，妈妈接着唱，最后让宝宝来补充句子，帮助孩子适应不同的语言输入方式。

策略9 重复机制（重复待加强的音或词句，不同儿歌的同一发音）

儿歌游戏 / 七只小鸡（示例）小白兔（示例）

√重复语言旋律，让孩子潜意识主动接纳语言。

初级语言目标

beng/tiao（适合无口语阶段孩子）

中级语言目标

跑向东（适合词句阶段孩子）

高级语言目标

蹦蹦跳跳真可爱（适合复杂句阶段孩子）

一二三四五六七，七只小鸡来啄米

三只跑向东，三只跑向西

还有一只小淘气，**蹦蹦跳跳**去赶集

小白兔，白又白，两只耳朵竖起来

蹦蹦跳跳真可爱

训练操作技巧

1. 家长唱“一二三四五六七”时，夸张地加重“七”的发音，并用手指比出数字 7，帮助孩子加强数字与语音的对应；家长唱“七只小鸡来啄米”时，在“啄米”处故意重复两遍，如“啄米，啄米”，并做出小鸡啄食的动作，引导孩子模仿。

2. 家长唱“三只跑向东，三只跑向西”时，在“跑向东”后故意停顿，等待孩子补充“跑向西”，如果孩子没有反应，家长可以轻声提示或再次重复示范。

3. 家长在唱“蹦蹦跳跳去赶集”时，先用慢速唱一次，然后再用正常节奏重复一次，同时示范蹦跳动作，帮助孩子理解并模仿“蹦蹦跳跳”发音。

4. 家长在进入第二首儿歌“小白兔”时，先重复“蹦蹦跳跳”部分，让孩子对相同的语音模式产生熟悉感，然后再完整演唱“小白兔”。

5. 在唱“小白兔，白又白”时，家长可以先小声唱一遍，然后正常音量重复一次，帮助孩子通过对比增强语言辨识能力；家长唱“两只耳朵竖起来”时，在“耳朵”部分故意放慢节奏，并用手做出竖起耳朵的动作，等待孩子模仿发音或动作。

6. 家长在最后再次唱“蹦蹦跳跳真可爱”时，先由自己唱一遍，然后邀请孩子跟着重复，让他们通过模仿巩固语言输出。

7. 家长根据孩子的语言发展水平进阶到中级和高级语言目标，仍然使用重复机制策略，在多首歌或同一首歌的副歌部分进行多次重复，制造孩子的兴趣导入。

策略 10 匹配因果（儿歌与动作匹配，用动作提示发音）

儿歌游戏 / 大水桶（示例）

√运用孩子视觉优势，提高孩子说话的积极性。

初级语言目标

ya/kan/mao（适合无口语阶段孩子）

中级语言目标

有个桶（适合词句阶段孩子）

高级语言目标

让我看看有什么呀（适合复杂句阶段孩子）

手上有个大木桶**呀**

桶上有个盖呀

盖上有个孔呀

让我**看看**有什么呀

原来藏着**毛毛**虫呀

训练操作技巧

1. 家长唱“手上有个大木桶呀”时，用手做出握桶的动作，并夸张地强调“桶”字，引导孩子模仿握桶动作并尝试发音。

2. 家长唱“桶上有个盖呀”时，用手假装盖上桶盖，并在“盖”字处停顿，等待孩子模仿动作或尝试发音。

3. 家长唱“盖上有个孔呀”时，用手指做出“孔”的形状，并重复“孔”字，鼓励孩子观察并模仿动作。

4. 家长唱“让我看看有什么呀”时，用手做出“看”的动作（如手搭凉棚），并在“看”字处加重语气，引导孩子模仿动作并尝试发音；唱“有什么呀”时，用手做出“打开”桶盖的动作，并重复“什么”两字，等待孩子回应或模仿动作。

5. 家长唱“原来藏着毛毛虫呀”时，用手做出毛毛虫爬行的动作，并在“毛毛虫”处放慢节奏，鼓励孩子模仿动作或尝试发音。

6. 家长在唱完整首儿歌后，可以重复“毛毛虫”部分，并邀请孩子一起做爬行动作，巩固语言与动作的匹配。

Chapter 2

家庭操作实践

本章将提供行之有效的家庭实操策略，通过亲子互动儿歌游戏、日常互动活动和情感交流等内容，激发孩子的学习兴趣和表达欲望。每首儿歌游戏包含对应的手指谣动作、互动示范、玩法及互动时诱发的语言（分为无口语发音、词句、复杂句三个阶段）。

儿歌游戏 1 蜗牛与黄鹂鸟

游戏实施策略示范

√突然中止（唱着唱着唱到 a 突然不唱了）

初级语言目标

a（适合无口语阶段孩子）

中级语言目标

发芽（适合词句阶段孩子）

高级语言目标

一步一步地往上爬（适合复杂句阶段孩子）

阿门**阿**前一棵葡萄树

阿嫩阿嫩绿地刚发芽

蜗牛背着那重重的壳呀

一步一步地往上爬

操作技巧

1. 家长在唱到“a”（如“阿门阿前”）时，突然中止唱歌，用手势或表情提示孩子补充“a”音，激发孩子的语言输出欲望。

2. 家长在唱到“发芽”时，突然中止唱歌，用手做出“发芽”动作，等待孩子补充“发芽”或模仿动作。

3. 家长在唱到“一步一步地往上爬”时，突然中止唱歌，用手做出“爬”的动作，等待孩子补充“爬”或尝试说出“一步一步地往上爬”。

4. 家长可以根据孩子的语言发展能力及时调整或进阶语言目标，初级语言目标重点练习“a”（阿）音，结合动作和突然中止策略，激发孩子发音；中级语言目标重点引导孩子说出“发芽”“壳”等词，配合动作和突然中止策略，加深理解。高级语言目标重点鼓励孩子完整表达“一步一步地往上爬”或“蜗牛背着壳”等复杂句，使用相同的操作策略。

发音练习进度打卡

日期	练习内容	目标发音	练习时长（分钟）	完成情况（√/×）	家长/治疗师评价	孩子反馈/表现

儿歌游戏 2 大公鸡

游戏实施策略示范

√放慢节奏（拉长 o 音）

初级语言目标

o（适合无口语阶段孩子）

中级语言目标

早上好（适合词句阶段孩子）

高级语言目标

小朋友们早上好（适合复杂句阶段孩子）

大公鸡呀起得早，**喔喔喔喔喔**

小朋友们早上好，喔喔喔喔喔

太阳公公出来了，喔喔喔喔喔

操作技巧

1. 家长唱“大公鸡呀起得早”时，用手做出“公鸡”的动作（如用手模仿公鸡的冠子），并在“早”字处加重语气，引导孩子观察并模仿动作。

2. 家长唱“喔喔喔喔喔”时，拉长“o”音（如“喔——喔——喔”），并用手做出公鸡打鸣的动作，鼓励孩子模仿发音或动作。

3. 家长唱“小朋友们早上好”时，用手做出“招手”的动作，并在“早上好”处放慢节奏，等待孩子模仿动作或尝试发音。

4. 家长唱“太阳公公出来了”时，用手做出“太阳升起”的动作（如双手从下往上画弧线），并在“出来了”处加重语气，引导孩子模仿动作并尝试发音。

5. 家长在唱“喔喔喔喔喔”时，再次拉长“o”音，并用手做出公鸡打鸣的动作，等待孩子补充“喔”音或模仿动作。

6. 家长在唱“小朋友们早上好”时，放慢“早上好”的节奏，用手做出“招手”动作，等待孩子补充“早上好”或模仿动作。

7. 家长在唱“太阳公公出来了”时，放慢“出来了”的节奏，用手做出“太阳升起”的动作，等待孩子补充“出来了”或尝试说出完整句子。

8. 家长使用同样策略可以根据孩子的语言发展能力及时调整或进阶语言目标，初级语言目标重点练习“o”（喔）音，结合动作和放慢节奏策略，帮助孩子感知和模仿发音，中级语言目标引导孩子说出“早上好”“出来了”等词句，配合动作和放慢节奏策略，加深理解，高级语言目标鼓励孩子完整表达“小朋友们早上好”或“太阳公公出来了”等复杂句，同时完成相应动作。

儿歌游戏 3 小猴荡秋千

游戏实施策略示范

√匹配因果（唱到“鳄鱼来了”时用动作提示发 e 音）

初级语言目标

e（适合无口语阶段孩子）

中级语言目标

鳄鱼（适合词句阶段孩子）

高级语言目标

看见鳄鱼被水淹（适合复杂句阶段孩子）

四只小猴荡秋千，看见鳄鱼被水淹

鳄鱼来了，**鳄**鱼来了，啊呜啊呜

一只小猴荡秋千，看见鳄鱼被水淹

鳄鱼来了，鳄鱼来了，啊呜啊呜

没有小猴荡秋千，鳄鱼慢慢游走了

操作技巧

1. 家长唱“四只小猴荡秋千”时，用手做出“荡秋千”的动作（如双手摆动），并在“荡秋千”处加重语气，引导孩子观察并模仿动作。

2. 家长唱“鳄鱼来了，鳄鱼来了”时，用手做出“鳄鱼游来”的动作（如双手模仿鳄鱼张嘴），并在“鳄鱼”处拉长“**e**”音（如“鳄——鱼”），鼓励孩子模仿发音或动作。

3. 家长唱“啊呜啊呜”时，用手做出“鳄鱼咬”的动作（如双手合拢再张开），并在“啊呜”处加重语气，引导孩子模仿动作并尝试发音。

4. 家长在唱“看见鳄鱼被水淹”时，重复“看见”的动作，并在“鳄鱼”处拉长“**e**”音，等待孩子补充“鳄鱼”或模仿动作。

5. 家长在唱“鳄鱼来了，鳄鱼来了”时，重复“鳄鱼游来”的动作，并在“鳄鱼”处拉长“**e**”音，等待孩子补充“鳄鱼来了”或尝试说出完整句子。

6. 家长在唱“没有小猴荡秋千”时，用手做出“秋千停下”的动作，并在“荡秋千”处加重语气，引导孩子模仿动作并尝试发音。

7. 家长在唱“鳄鱼慢慢游走了”时，用手做出“鳄鱼游走”的动作（如双手慢慢远离），并在“游走了”处放慢节奏，等待孩子补充“游走了”或模仿动作。

儿歌游戏 4 王老先生有块地

游戏实施策略示范

√刻意忘记（唱前半句留下一句接唱）

初级语言目标

i/y（适合无口语阶段孩子）

中级语言目标

小鸡（适合词句阶段孩子）

高级语言目标

在田边养小鸡（适合复杂句阶段孩子）

王老先生有块地，咿呀咿呀呦

他在田边养小鸡，**咿**呀**咿**呀呦

叽叽叽，叽叽叽，叽叽叽叽叽叽叽

王老先生有块地，咿呀咿呀呦

他在田边养小鸭，咿呀咿呀呦

嘎嘎嘎，嘎嘎嘎，嘎嘎嘎嘎嘎嘎嘎

操作技巧

1. 家长唱“王老先生有块地，咿呀咿呀呦”时，故意忘记一个“咿呀”，观察孩子并等待孩子模仿动作或发音“咿呀呦”。

2. 家长唱“他在田边养小鸡”时，用手做出“养鸡”的动作（如双手模仿小鸡啄食），并在“小鸡”处故意忘记，等待孩子模仿动作或尝试发音“小鸡”。

3. 家长唱“叽叽叽叽叽叽叽”时，用手做出“小鸡叫”的动作（如手指一张一合），并在“叽叽”处空出一个“叽叽”位置，引导孩子模仿并尝试发音。

4. 家长在唱“王老先生有块地”时，刻意忘记“咿呀咿呀呦”，用手势或表情提示孩子补充“咿呀咿呀呦”，激发孩子的语言输出欲望。

5. 家长在唱“他在田边养小鸡，咿呀咿呀呦”时，刻意忘记后半句，用手做出“小鸡叫”动作，等待孩子补充“咿呀咿呀呦”或尝试说出完整句子。

6. 家长在唱“他在田边养小鸭”时，用手做出“养鸭”的动作（如双手模仿鸭子走路），并在“小鸭”处刻意忘记，等待孩子模仿动作或尝试发音。

7. 家长在唱“嘎嘎嘎嘎嘎嘎”时，用手做出“鸭子叫”的动作（如双手张开模仿鸭子嘴），并在“嘎嘎”处刻意忘记并加重语气，引导孩子模仿并尝试发音。

儿歌游戏 5 开摩托

游戏实施策略示范

√创造规律（小手拍一拍呀，伸出小手来，请你……）

初级语言目标

u/w（适合无口语阶段孩子）

中级语言目标

摩托（适合词句阶段孩子）

高级语言目标

摩托到站要下车了（适合复杂句阶段孩子）

小手拍一拍呀，伸出小手来

请你开摩托，开摩托呀开摩托，
呜呜呜呜呜

开摩托呀开摩托，开个慢慢地，
呜呜呜呜呜

开摩托呀开摩托，开个快快地，
呜呜呜呜呜呜

好了，摩托到站要下车了

操作技巧

1. 家长唱“小手拍一拍呀”时，用手做出“拍手”的动作，并在“拍一拍”处加重语气，多次熏陶制造重复呈现规律，引导孩子熟悉且习惯这个规律和旋律节奏。

2. 家长唱“伸出小手来”时，做出“伸手”的动作，并在“小手来”处放慢节奏，等待孩子模仿动作或尝试发音。

3. 家长唱“请你开摩托”时，做出“手握方向盘”的动作，并在“摩托”处拉长“u”音（如“摩——托”），鼓励孩子模仿发音或动作。

4. 家长唱“开摩托呀开摩托”时，用手做出“开车”的动作，并在“呜呜呜呜呜”处加重语气，引导孩子模仿动作并尝试发音。

5. 家长在唱“开个慢慢地”时，用手做出“慢速开车”的动作（如缓慢转动方向盘），并在“慢慢地”处放慢节奏，等待孩子模仿动作或尝试发音。

6. 家长在唱“开个快快地”时，用手做出“快速开车”的动作（如快速转动方向盘），并在“快快地”处加快节奏，等待孩子模仿动作或尝试发音。

7. 家长在唱“好了，到站了，请下车”时，用手做出“停车”和“下车”的动作，并在“下车”处加重语气，引导孩子模仿动作并尝试发音。

儿歌游戏 6 三条小鱼

游戏实施策略示范

√假装唱错（“一条小鱼”唱成“一条小狗”让孩子纠正发音）

初级语言目标

ü /yu（适合无口语阶段孩子）

中级语言目标

做朋友（适合词句阶段孩子）

高级语言目标

快快乐乐做朋友（适合复杂句阶段孩子）

一条小**鱼**水里游，孤孤单单在发愁

两条小鱼水里游，摇摇尾巴点点头

三条小鱼水里游

快快乐乐做朋友

操作技巧

1. 家长在唱“一条小鱼水里游”时，假装唱错“一条小狗水里游”，用手做出“小狗”的动作（如双手模仿狗耳朵），并观察孩子的反应，等待孩子纠正发音。

2. 家长在唱“两条小鱼水里游”时，假装唱错“两只小猫水里游”，用手做出“小猫”的动作（如双手模仿猫胡须），并观察孩子的反应，等待孩子纠正发音。

3. 家长在唱“三条小鱼水里游”时，假装唱错“三只小鸭水里游”，用手做出“小鸭”的动作（如双手模仿鸭嘴），并观察孩子的反应，等待孩子纠正发音。

4. 家长唱“快快乐乐做朋友”时，假装唱错“快快乐乐做饼干”，用手做出饼干的动作并示意“好朋友”，等待孩子发现错误并纠正或做出正确回应。

5. 家长可以根据孩子的语言能力调整目标，如初级语言目标重点练习“ü/yu”（鱼/游）音，结合动作和假装唱错策略，帮助孩子纠正和模仿发音。中级语言目标引导孩子说出“做朋友”“点点头”等词，配合动作和假装唱错策略，加深理解。高级语言目标鼓励孩子完整表达“快快乐乐做朋友”或“三条小鱼水里游”等复杂句，同时使用相同策略。

发音练习进度打卡

日期	练习内容	目标发音	练习时长（分钟）	完成情况（√/×）	家长/治疗师评价	孩子反馈/表现

儿歌游戏 7 打电话

游戏实施策略示范

√制造干扰（发 ai 音时手不停地捂住嘴巴并放开）

初级语言目标

ai（适合无口语阶段孩子）

中级语言目标

小娃娃（适合词句阶段孩子）

高级语言目标

我在幼儿园（适合复杂句阶段孩子）

两个小娃娃呀，正在打电话呀

喂喂喂，你在哪里呀

哎哎哎

我在幼儿园

操作技巧

1. 家长唱“两个小娃娃呀”时，发出“娃娃”的音并用手不停拍打嘴巴，让“娃娃”音变得有震颤节奏感，引导孩子对发音产生兴趣。

2. 家长唱“喂喂喂，你在哪里呀”时，发音“喂喂喂”时用手轻轻拍打制造干扰如“喂——喂——喂”变得震颤有节奏，鼓励孩子模仿发音或动作。

3. 家长唱“哎哎哎，我在幼儿园”时，发音“哎哎哎”时用手轻轻拍打制造干扰如“哎——哎——哎”变得震颤有节奏，鼓励孩子模仿发音或动作。

4. 家长可以根据孩子的语言能力调整目标，如初级语言目标重点练习“**ai**”（喂/哎）音，结合动作和制造干扰策略，帮助孩子感知和模仿发音。中级语言目标引导孩子说出“小娃娃”“打电话”等词，配合动作和制造干扰策略，加深理解。高级语言目标鼓励孩子完整表达“你在干什么”或“我在幼儿园”等复杂句，同时使用相同策略。

发音练习进度打卡

日期	练习内容	目标发音	练习时长（分钟）	完成情况（√/×）	家长/治疗师评价	孩子反馈/表现

儿歌游戏 8 小小乌龟上山坡

游戏实施策略示范

√改变规律（改词“嗨”为“嘿”）

初级语言目标

ei（适合无口语阶段孩子）

中级语言目标

嘿呦呦（适合词句阶段孩子）

高级语言目标

爬山乐悠悠（适合复杂句阶段孩子）

小小乌龟爬山坡，**嘿**呦呦，**嘿**呦呦

带着面包和糖果

爬山乐悠悠

操作技巧

1. 家长唱“小小乌龟爬山坡”时，用手做出“乌龟爬坡”的动作（如双手模仿乌龟缓慢爬行），并在“山坡”处加重语气，引导孩子观察并模仿动作。

2. 家长在唱“嘿呦呦，嘿呦呦”时，重复并重音唱“**ei**”音（如“嘿——呦——呦”），并用手做出“用力爬坡”的动作，等待孩子模仿发音或动作。

3. 家长唱“爬山乐悠悠”时，用手做出“快乐行走”的动作（如双手摆动并微笑），并在“乐悠悠”处加重音，引导孩子模仿动作并尝试发音。

4. 家长唱“嘿呦呦，嘿呦呦”时，可以使用其他熟悉儿歌如“拔萝卜，嘿呦呦，嘿呦呦，拔不动”时使用重复的副歌部分“嘿呦呦，嘿呦呦”加深理解，引导孩子快速重复并尝试模仿发音。

5. 家长可以根据孩子的语言能力调整目标，如初级语言目标重点练习“**ei**”（嘿）音，结合动作和重复机制策略，帮助孩子感知和模仿发音。中级语言目标引导孩子说出“嘿呦”“面包”等词，配合动作和重复机制策略，加深理解。高级语言目标鼓励孩子完整表达“爬山乐悠悠”或“带着面包和糖果”等复杂句，同时使用相同策略。

发音练习进度打卡

日期	练习内容	目标发音	练习时长（分钟）	完成情况（√/×）	家长/治疗师评价	孩子反馈/表现

儿歌游戏 9 伊比呀呀

游戏实施策略示范

√改变规律（改词“伊比呀呀”为“伊比推推”）

初级语言目标

ui（适合无口语阶段孩子）

中级语言目标

推推（适合词句阶段孩子）

高级语言目标

伊比伊比推（适合复杂句阶段孩子）

伊比呀呀（推推）

伊比伊比呀

伊比呀呀

伊比伊比呀

操作技巧

1. 家长在唱“伊比呀呀，伊比伊比呀”时，改变规律，将“呀呀”改为推推“ui ui”（如“伊比 ui ui 伊比伊比 ui”），并用手做出“压”的动作，鼓励孩子模仿发音或动作。

2. 家长在唱“伊比推推，伊比伊比推”时，用手做出“推”的动作，引导孩子模仿动作并尝试发音。

3. 家长可以根据孩子的语言能力调整目标，如初级语言目标重点练习“ui”（伊比 ui ui）音，结合动作和改变规律策略，帮助孩子感知和模仿发音。中级语言目标引导孩子说出“推推”“呀呀”等词，配合动作和改变规律策略，加深理解。高级语言目标鼓励孩子完整表达“我要妈妈抱我”或“伊比推推”等复杂句，同时使用相同的策略。

发音练习进度打卡

日期	练习内容	目标发音	练习时长（分钟）	完成情况（√ / ×）	家长 / 治疗师评价	孩子反馈 / 表现

儿歌游戏 10 小猪吃得饱饱

游戏实施策略示范

√突然中止（在唱到“饱”前突然中止不唱）

初级语言目标

ao（适合无口语阶段孩子）

中级语言目标

大耳朵（适合词句阶段孩子）

高级语言目标

小尾巴在摇摇（适合复杂句阶段孩子）

小猪吃得**饱饱**

闭着眼睛睡觉

大耳朵在扇扇

小尾巴在摇摇

咕噜噜噜噜，咕噜噜噜

小尾巴在摇摇

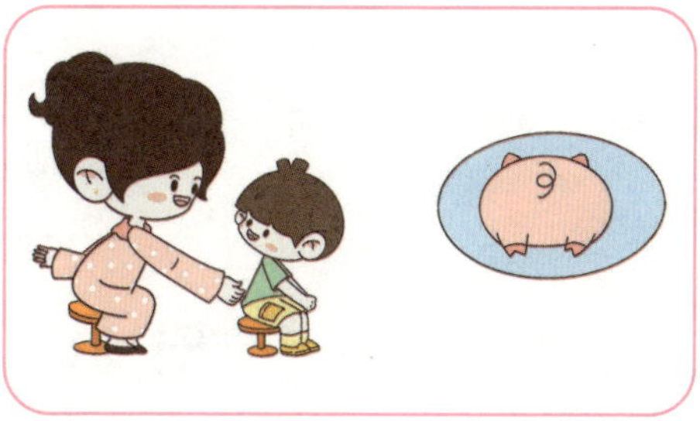

操作技巧

1. 家长在唱“小猪吃得饱饱”时，突然中止在“bao”前（如“小猪吃得饱——”），用手势或表情提示孩子补充“饱饱”，激发孩子的语言输出欲望。

2. 家长在唱“大耳朵在扇扇”时，突然中止在“扇”前（如“大耳朵在扇——”），用手做出“扇耳朵”动作，等待孩子补充“扇扇”或模仿动作。

3. 家长在唱“小尾巴在摇摇”时，突然中止在“摇”前（如“小尾巴在摇——”），用手做出“摇尾巴”动作，等待孩子补充“摇摇”或尝试说出完整句子。

4. 家长可以根据孩子的语言能力调整目标，如初级语言目标重点练习“**ao**”（饱/摇）音，结合动作和突然中止策略，帮助孩子感知和模仿发音。中级语言目标引导孩子说出“大耳朵”“小尾巴”等词，配合动作和突然中止策略，加深理解。

儿歌游戏 11 小花儿开了

游戏实施策略示范

√ 改变规律（改词“啵啵”为“欧欧”）

初级语言目标

ou（适合无口语阶段孩子）

中级语言目标

浇水（适合词句阶段孩子）

高级语言目标

小小花儿微微笑（适合复杂句阶段孩子）

小小花儿微微笑

太阳公公抱一抱

浇浇水啊浇浇水

啵啵啵啵花开啦

操作技巧

1. 家长唱“小小花儿微微笑”时，用手做出“花儿微笑”的动作（如双手托腮微笑），引导孩子观察并模仿动作。

2. 家长唱“太阳公公抱一抱”时，用手做出“太阳拥抱”的动作（如双手张开模仿太阳），等待孩子模仿动作或尝试发音。

3 家长唱“浇浇水呀浇浇水”时，用手做出“浇水”的动作（如双手模仿浇水动作），鼓励孩子模仿动作。

4 家长唱“啵啵啵啵花开啦”时，用手做出“花开”的动作（如双手从合十到张开），引导孩子模仿动作。

5. 家长在唱“啵啵啵啵花开啦”时，改变规律，将“啵啵”改为“欧欧”（如“欧欧欧欧花开啦”），并用手做出“花开”的动作，等待孩子模仿发音或动作。

6. 家长可以根据孩子的语言能力调整目标，如初级语言目标重点练习“**ou**”（欧）音，结合动作和改变规律策略，帮助孩子感知和模仿发音。中级语言目标引导孩子说出“浇水”“花开”等词，配合动作和改变规律策略，加深理解。高级语言目标鼓励孩子完整表达“小小花儿开花了”或“浇浇水呀浇浇水”等复杂句，同时使用相同策略。

发音练习进度打卡

日期	练习内容	目标发音	练习时长（分钟）	完成情况（√ /×）	家长 / 治疗师评价	孩子反馈 / 表现

儿歌游戏 12　一只哈巴狗

游戏实施策略示范

√ 改变规律（改词“黝黝”为“溜溜”）

初级语言目标

iu（适合无口语阶段孩子）

中级语言目标

哈巴狗（适合词句阶段孩子）

高级语言目标

哈巴狗想吃肉骨头（适合复杂句阶段孩子）

一只哈巴狗，坐在大门口

眼睛黑**黝黝**（溜溜），想吃肉骨头

一只哈巴狗，吃完肉骨头

尾巴摇一摇，向我点点头

操作技巧

1. 家长唱“一只哈巴狗，坐在大门口”时，用手做出“哈巴狗坐”的动作（如双手模仿狗坐姿），并在“哈巴狗”处拉长音，引导孩子观察并模仿动作。

2. 家长唱“眼睛黑黝黝”时，用手做出“眼睛”的动作（如双手指眼睛），并在“黑黝黝（溜溜）”处拉长“iu”音（如“黑溜——溜”），鼓励孩子模仿发音或动作。

3. 家长唱“想吃肉骨头”时，用手做出“想吃”的动作（如双手模仿狗张嘴），并在“肉骨头”处放慢节奏并拉长音，等待孩子模仿动作或尝试发音。

4. 家长唱“一只哈巴狗，吃完肉骨头”时，用手做出“吃完”的动作（如双手摸肚子），并在“肉骨头”处加重语气拉长音，引导孩子模仿动作并尝试发音。

5. 家长唱“尾巴摇一摇”时，用手做出“摇尾巴”的动作（如手在身后摆动），并在“摇一摇”处拉长音（如“摇——摇”），等待孩子模仿动作或尝试发音。

6. 家长唱“向我点点头”时，用手做出“点头”的动作（如点头微笑），并在“点点头”处放慢节奏拉长音，等待孩子模仿动作或尝试发音。

7. 家长可以根据孩子的语言能力调整目标，如初级语言目标重点练习拉长“iu”音，结合动作和放慢节奏策略，帮助孩子感知和模仿发音。中级语言目标引导孩子说出“哈巴狗”“肉骨头”等词，配合动作和放慢节奏策略，加深理解。

儿歌游戏 13 番茄和大狼狗

游戏实施策略示范

√ 重复机制（重复哼唱 **ie** 音）

初级语言目标

ie（适合无口语阶段孩子）

中级语言目标

大狼狗（适合词句阶段孩子）

高级语言目标

来了一只大狼狗（适合复杂句阶段孩子）

园里的番**茄**圆又大

躺着睡觉不说话

来了一只大狼狗，对着番茄咬一口

爸爸看了很生气，快把狼狗赶出去

我赶，我赶，我赶赶赶

操作技巧

1. 家长唱“园里的番茄圆又大”时，用手做出“番茄”的形状（如双手画圆），并在“番茄”处重复多次，引导孩子观察并模仿动作。

2. 家长唱“对着番茄咬一口”时，用手做出“咬”的动作（如双手五指张开再合拢，模仿咬东西），并在“番茄”处重复多次，引导孩子模仿动作并尝试发音。

3. 家长唱“来了一只大狼狗”时，用手做出“大狼狗”的动作（如双手五指蜷曲变成狗爪），并在“大狼狗”处重复多次，引导孩子模仿动作并尝试发音。

4. 家长可以根据孩子的语言能力调整目标，如初级语言目标重点练习“ie”音，结合动作和重复机制策略，帮助孩子感知和模仿发音。中级语言目标引导孩子说出“圆又大”“大狼狗”等词，配合动作和重复机制策略，加深理解。高级语言目标鼓励孩子完整表达“来了一只大狼狗”或“快把狼狗赶出去”等复杂句，同时使用相同策略。

儿歌游戏 14 月儿圆

游戏实施策略示范

√ 刻意忘记（唱半句留半句）

初级语言目标

üe（适合无口语阶段孩子）

中级语言目标

月儿圆（适合词句阶段孩子）

高级语言目标

桂花树下荡秋千（适合复杂句阶段孩子）

月儿圆

月儿圆

桂花树下荡秋千

操作技巧

1. 家长在唱“月儿圆月儿圆”时，刻意忘记后半句（如“月儿圆——”），用手势或表情提示孩子补充“月儿圆”或 **üe** 的音，激发孩子的语言输出欲望。

2. 家长在唱“桂花树下荡秋千”时，刻意忘记后半句（如“桂花树下——”），用手做出“荡秋千”动作，等待孩子补充“荡秋千”。

3. 家长可以根据孩子的语言能力调整目标，如初级语言目标重点练习“**üe**”（月）音，结合动作和刻意忘记策略，帮助孩子感知和模仿发音。中级语言目标引导孩子说出“月儿圆”“荡秋千”等词，配合动作和刻意忘记策略，加深理解。高级语言目标鼓励孩子完整表达“中秋佳节庆团圆”或“桂花树下荡秋千”等复杂句，同时使用相同策略。

发音练习进度打卡

日期	练习内容	目标发音	练习时长（分钟）	完成情况（√/×）	家长/治疗师评价	孩子反馈/表现

儿歌游戏 15 谁的耳朵

游戏实施策略示范

√ 创造规律（谁的耳朵……）

初级语言目标

er（适合无口语阶段孩子）

中级语言目标

耳朵（适合词句阶段孩子）

高级语言目标

谁的耳朵圆又圆（适合复杂句阶段孩子）

谁的**耳**朵宽又大？大象**耳**朵宽又大

谁的耳朵圆又圆？老鼠耳朵圆又圆

谁的耳朵长又长？兔子耳朵长又长

谁的耳朵尖又尖？猫咪耳朵尖又尖

操作技巧

1. 家长唱“谁的耳朵宽又大”时，用手做出“大象耳朵”的动作（如双手模仿大象耳朵扇动），并在“谁的耳朵”处加重语气，多次熏陶制造重复呈现规律，引导孩子熟悉且习惯这个规律和旋律节奏。

2. 家长唱“谁的耳朵圆又圆”时，用手做出“老鼠耳朵”的动作（如双手模仿老鼠耳朵），并在“谁的耳朵”处加重语气，多次熏陶制造重复呈现规律，引导孩子熟悉且习惯这个规律和旋律节奏。

3. 家长唱“谁的耳朵长又长”时，用手做出“兔子耳朵”的动作（如双手模仿兔子耳朵竖起），并在“谁的耳朵”处加重语气，多次熏陶制造重复呈现规律，引导孩子熟悉且习惯这个规律和旋律节奏。

4. 家长唱“谁的耳朵尖又尖”时，用手做出“猫咪耳朵”的动作（如双手模仿猫咪耳朵竖起），并在“谁的耳朵”处加重语气，多次熏陶制造重复呈现规律，引导孩子熟悉且习惯这个规律和旋律节奏。

5. 家长可以根据孩子的语言能力调整目标，如初级语言目标重点练习“**er**”（耳）音，结合动作和创造规律策略，帮助孩子感知和模仿发音。

6. 中级语言目标重点引导孩子说出“耳朵”“宽又大”等词，配合动作和创造规律策略，加深理解。高级语言目标重点鼓励孩子完整表达“谁的耳朵怎么样”或“大象耳朵宽又大”等复杂句，使用相同策略即可。

儿歌游戏 16 七步洗手歌

游戏实施策略示范

√ 匹配因果（动作提示发音）

初级语言目标

an（适合无口语阶段孩子）

中级语言目标

螃蟹（适合词句阶段孩子）

高级语言目标

举起两只大钳子（适合复杂句阶段孩子）

两个好朋友，手碰手

你背背我，我背背你

来了一只小螃蟹，小螃蟹

举起两只大钳子，大钳子

螃蟹跟我**点点**头，**点点**头

我跟螃蟹握握手，握握手

操作技巧

1. 家长唱“两个好朋友，手碰手”时，用手做出“手碰手”的动作（如双手拍手），并在“手碰手”处加重语气，引导孩子观察并模仿动作。

2. 家长唱“你背背我，我背背你”时，用手做出“背背”的动作（如双手交叉放在胸前），并在“背背”处放慢节奏，等待孩子模仿动作或尝试发音。

3. 家长唱“来了一只小螃蟹，小螃蟹”时，用手做出“螃蟹走路”的动作（如双手模仿螃蟹八只脚横走），并在“小螃蟹”处拉长“**pang**”音（如“螃——蟹”），鼓励孩子模仿发音或动作；家长唱“举起两只大钳子，大钳子”时，用手做出“举钳子”的动作（如双手高举模仿钳子），并在“大钳子”处加重语气发音“**qi—an——**”，引导孩子模仿动作并尝试发音“**an**”。

4. 家长在唱“螃蟹跟我点点头，点点头”时，做出“点头”的动作（如点头微笑），并在“点点头”处放慢节奏发音“**di—an——**”，等待孩子模仿动作或尝试发音“**an**”。

5. 家长在唱“我跟螃蟹握握手，握握手”时，用手做出“握握手”的动作（如双方握手），并在“握握手”处加重语气，等待孩子模仿动作或尝试发音。

儿歌游戏 17 毛毛虫

游戏实施策略示范

√ 假装唱错（“甩”故意唱错为“en”）

初级语言目标

en（适合无口语阶段孩子）

中级语言目标

爬呀爬（适合词句阶段孩子）

高级语言目标

毛毛虫爬呀爬（适合复杂句阶段孩子）

毛毛虫爬呀爬，爬到了手臂上

我甩、我甩、我甩甩甩

毛毛虫爬呀爬，爬到了肩膀上

我抖、我抖、我抖抖抖

毛毛虫爬呀爬，爬到了头顶上

我摇、我摇、我摇摇摇

毛毛虫爬呀爬，爬到了鼻子上

啊啾

操作技巧

1. 家长唱“毛毛虫爬呀，爬爬到了……”时，用手做出“毛毛虫爬”的动作（如手指在手臂上爬行），并在每个部位做爬呀爬的缓慢动作，诱发孩子感知并产生兴趣。

2. 家长唱“我甩，我甩，我甩甩甩”时，用手做出“甩手臂”的动作（如快速甩动手臂），并在“甩甩甩”处假装唱错“**en**”，等待孩子发现错误尝试发音。

3. 家长可以根据孩子的语言能力调整目标，如初级语言目标重点练习“**en**”音，结合动作和假装唱错策略，帮助孩子感知和模仿发音。

儿歌游戏 18 剪刀石头布

游戏实施策略示范

√突然中止（唱着唱着唱到“亲”时不唱了）

初级语言目标

in（适合无口语阶段孩子）

中级语言目标

剪刀（适合词句阶段孩子）

高级语言目标

亲亲小白兔（适合复杂句阶段孩子）

剪刀石头布，剪刀石头布

一把剪刀，一块石头

变成小白兔

剪刀石头布，剪刀石头布，一把剪刀，两把剪刀

亲亲小白兔

操作技巧

1. 家长唱“剪刀石头布，剪刀石头布”时，用手做出“剪刀、石头、布”的动作，并在“剪刀石头”处突然中止引导孩子补充“布”，引导孩子模仿动作并尝试发音。

2. 家长唱“一把剪刀，两把剪刀”时，用手做出“剪刀”的动作（如剪刀手势），并在“两把”处突然终止引导孩子补充“剪刀”，等待孩子模仿动作或尝试发音。

3. 家长在唱“亲亲小白兔”时，突然中止在“亲”前（如“亲——”，不唱“亲小白兔”），用手势或表情提示孩子补充“亲小白兔”，激发孩子的语言输出欲望。

4. 家长可以根据孩子的语言能力调整目标，如初级语言目标重点练习“**in**”（亲）音，结合动作和突然中止策略，帮助孩子感知和模仿发音。

5. 中级语言目标引导孩子说出“剪刀”“小白兔”等词，配合动作和突然中止策略，加深理解。高级语言目标鼓励孩子完整表达“亲亲小白兔”或“一把剪刀，一块石头”等复杂句，同时使用相同策略。

儿歌游戏 19 小老鼠，上灯台

游戏实施策略示范

√放慢节奏（唱到“滚”字时拉长音）

初级语言目标

un（适合无口语阶段孩子）

中级语言目标

滚下来（适合词句阶段孩子）

高级语言目标

叽里咕噜滚下来（适合复杂句阶段孩子）

小老鼠，上灯台

偷油吃，下不来

咪咪咪，猫来了

叽里咕噜**滚**下来

操作技巧

1. 家长唱“咪咪咪，猫来了”时，用手做出“猫叫”的动作（如双手模仿猫爪），并在“咪咪咪”处拉长“m-i”音（如“咪——咪咪”），鼓励孩子模仿发音或动作。

2. 家长唱“叽里咕噜滚下来”时，用手做出“滚下来”的动作（如双手从上到下滚动），并在“滚下来”处拉长“**gun**”音（如“滚——下来”），引导孩子模仿动作并尝试发音。

3. 家长可以根据孩子的语言能力调整目标，如初级语言目标重点练习“**un**”（滚）音，结合动作和放慢节奏策略，帮助孩子感知和模仿发音。

4. 中级语言目标引导孩子说出“滚下来”“猫来了”等词，配合动作和放慢节奏策略，加深理解。高级语言目标鼓励孩子完整表达“叽里咕噜滚下来”或“小老鼠上灯台”等复杂句，同时使用相同策略。

发音练习进度打卡

日期	练习内容	目标发音	练习时长（分钟）	完成情况（✓/×）	家长/治疗师评价	孩子反馈/表现

儿歌游戏 20 一个小老头

游戏实施策略示范

√改变规律（改词“摔倒”为“晕倒”）

初级语言目标

ün（适合无口语阶段孩子）

中级语言目标

晕倒（适合词句阶段孩子）

高级语言目标

哎呀！太高了（适合复杂句阶段孩子）

一个小老头呀，给他剃光头呀

让他上高楼呀

一楼、二楼、三楼、四楼、五楼

六楼、七楼、八楼、九楼、十楼

操作技巧

1. 家长唱“一个小老头呀，给他剃光头呀”时，用手做出“剃光头”的动作（如手在头上模仿剃刀），引导孩子观察并模仿动作。

2. 家长唱“让他上高楼呀”时，用手做出“上高楼”的动作（如手指向上爬），等待孩子模仿动作或尝试发音。

3. 家长唱“一楼、二楼、三楼、四楼等”时，用手做出“数楼层”的动作（如手指逐一点数），鼓励孩子模仿发音或动作。

4. 家长唱“哎呀，太高了”时，用手做出“太高了”的动作（如双手高举并摇头），却在“太高了”处改变规律将“太高了”改成“晕倒了”等待孩子尝试纠正发音。

5. 家长在唱“哎呀，摔倒了”时，改变规律，将“摔倒了”改为“晕倒了”，用手做出“晕倒”的动作（如双手扶头并倒下），观察孩子的反应，等待孩子纠正发音或模仿动作。

6. 家长可以根据孩子的语言能力调整目标，如初级语言目标重点练习“**ün**”（晕）音，结合动作和改变规律策略，帮助孩子感知和模仿发音。

儿歌游戏 21 小鸡和小鸭

游戏实施策略示范

√ 搭建桥梁（三人或两人轮流唱）

初级语言目标

ang（适合无口语阶段孩子）

中级语言目标

小鸭家（适合词句阶段孩子）

高级语言目标

住在山脚下（适合复杂句阶段孩子）

小鸡和小鸭，住在山脚下

小鸡去谁家？要去小鸭家

当当当，当当当

小鸭，小鸭在家吗

咦？小鸭不在家

操作技巧

1. 家长唱“小鸡和小鸭，住在山脚下”时，用手做出“小鸡”和“小鸭”的动作（如双手模仿小鸡和小鸭走路），引导孩子观察并模仿动作。

2. 家长唱“小鸡去谁家？要去小鸭家”时，用手做出“走路”的动作（如手指模仿走路），等待孩子模仿动作或尝试发音。

3. 家长唱“当当当，当当当，小鸭，小鸭在家吗”时，用手做出“敲门”的动作（如手敲桌子），并在“当当当”处拉长“**ang**”音，鼓励孩子模仿发音或动作。

4. 家长在唱“小鸡和小鸭，住在山脚下”时，可以邀请孩子或第三人轮流唱下一句“小鸡去谁家？要去小鸭家”，用手势或表情提示孩子接唱，搭建语言桥梁。

5. 家长在唱“当当当，当当当，小鸭，小鸭在家吗”时，可以邀请孩子或第三人轮流唱下一句“咦？小鸭不在家”，用手势或表情提示孩子接唱，搭建语言桥梁。

6. 家长可以根据孩子的语言能力调整目标，如初级语言目标重点练习“**ang**”（当）音，结合动作和搭建桥梁策略，帮助孩子感知和模仿发音。

儿歌游戏 22 十只小猴

游戏实施策略示范

√ 刻意忘记（唱一句留一句）

初级语言目标

eng（适合无口语阶段孩子）

中级语言目标

拍拍手（适合词句阶段孩子）

高级语言目标

翻个跟头握握手（适合复杂句阶段孩子）

十只小猴

拍拍手

上**蹦蹦**，下跳跳

翻个跟头

握握手

操作技巧

1. 家长在唱“十只小猴，拍拍手”时，刻意忘记后半句（如“十只小猴——”），用手势或表情提示孩子补充“拍拍手”，激发孩子的语言输出欲望。

2. 家长在唱“上蹦蹦，下跳跳”时，刻意忘记后半句（如“上蹦蹦——”），用手做出“蹦蹦跳跳”动作（如双手快速上下空拍），等待孩子补充“下跳跳”或模仿动作。

3. 家长在唱“翻个跟头，握握手”时，刻意忘记后半句（如“翻个跟头——”），用手做出“握握手”动作，等待孩子补充“握握手”或尝试说出完整句子。

4. 家长可以根据孩子的语言能力调整目标，如初级语言目标重点练习“**eng**”（蹦）音，结合动作和刻意忘记策略，帮助孩子感知和模仿发音。

5. 中级语言目标引导孩子说出“拍拍手”“蹦蹦跳跳”等词，配合动作和刻意忘记策略，加深理解。高级语言目标鼓励孩子完整表达“十只小猴翻跟头”或“翻个跟头，握握手”等复杂句，同时使用相同的策略。

儿歌游戏 23 铃儿响叮当

游戏实施策略示范

√ 重复机制（重复待加强音）

初级语言目标

ing（适合无口语阶段孩子）

中级语言目标

叮当（适合词句阶段孩子）

高级语言目标

我们滑雪多快乐（适合复杂句阶段孩子）

冲破大风雪

我们坐在雪橇上

我们今晚滑雪真欢乐，把滑雪歌儿唱

叮叮当，**叮叮**当，**铃**儿响**叮**当

我们滑雪多快乐，我们坐在雪橇上

操作技巧

1. 家长唱“冲破大风雪”时，重复并拉长“大风雪”，等待孩子模仿动作或尝试发音；家长唱“我们坐在雪橇上”时，重复并拉长“雪橇上”等待孩子模仿动作或尝试发音。

2. 家长唱“今晚心情多欢乐”时，用手做出“欢乐”的动作（如双手高举摇摆），并在“多欢乐”处重复并拉长“多欢乐”，等待孩子模仿动作或尝试发音。

3. 家长唱“叮叮当，叮叮当”时，用手做出“摇铃铛”的动作（如双手模仿摇铃铛），并在“叮叮当”处重复并拉长“**ing**”音（如“叮——叮当”），等待孩子模仿动作或尝试发音。

4. 家长唱“铃儿响叮当”时，用手做出“铃铛响”的动作（如双手模仿铃铛摆动），并在“响叮当”处重复并拉长“**ing**”音（如“响叮——当”），等待孩子模仿动作或尝试发音。

5. 家长可以根据孩子的语言能力调整目标，如初级语言目标重点练习“**ing**”（叮 / 铃 / 乐）音，结合动作和重复机制策略，帮助孩子感知和模仿发音。

儿歌游戏 24 线团咕噜咕噜

游戏实施策略示范

√ 重复机制（不同儿歌中 ong 音的重复）/（重复待加强音）

初级语言目标

ong（适合无口语阶段孩子）

中级语言目标

叮咚（适合词句阶段孩子）

高级语言目标

咚咚飞走了（适合复杂句阶段孩子）

线团咕噜咕噜，线团咕噜咕噜

拉一拉，拉一拉，**咚咚咚**

做好了，做好了，巧虎的新鞋子

两只小鸟住在大树上，一只叫叮叮，
一只叫咚咚

叮叮飞走了，**咚咚**飞走了

回来吧叮叮，回来吧咚咚

操作技巧

1. 家长唱“线团咕噜咕噜，线团咕噜咕噜”时，重复并拉长“咕噜咕噜”，等待孩子模仿动作或尝试发音。

2. 家长唱“拉一拉，拉一拉”时，重复并拉长“拉一拉”，等待孩子模仿动作或尝试发音。

3. 家长唱“咚咚咚”时，用手做出“敲打”的动作（如双手模仿敲打），并在“咚咚咚”处重复且拉长“**ong**”音（如“咚——咚咚”），鼓励孩子模仿发音或动作。

4. 家长唱“做好了，做好了”时，用手做出“完成”的动作（如双手高举表示完成），并在“做好了”处重复并拉长音，等待孩子模仿动作或尝试发音。

5. 家长唱不同儿歌“一只叫叮叮，一只叫咚咚”时，重复同音不同韵律，如在“叮叮”和“咚咚”处拉长“**ong**”音（如“叮——叮”“咚——咚”），等待孩子模仿动作或尝试发音。

6. 家长唱“叮叮飞走了，咚咚飞走了”时，重复并拉长“咚咚飞走了”，等待孩子模仿动作或尝试发音。

7. 家长唱“回来吧叮叮，回来吧咚咚”时，用手做出“小鸟回来”的动作（如双手模仿小鸟飞回），并在“回来吧”处重复拉长“**ong**”音（如“回——来吧”），等待孩子模仿动作或尝试发音。

儿歌游戏 25 拔萝卜

游戏实施策略示范

√ 搭建桥梁（多人轮流接唱）

初级语言目标

b（适合无口语阶段孩子）

中级语言目标

萝卜（适合词句阶段孩子）

高级语言目标

快来帮我们拔萝卜（适合复杂句阶段孩子）

拔萝卜，**拔**萝卜

嘿呦，嘿呦，拔萝卜

嘿呦，嘿呦，拔不动

小花猫，快快来，快来帮我们拔萝卜

操作技巧

1. 家长在唱“拔萝卜，拔萝卜”时，可以邀请孩子或第三人一起唱“嘿呦，嘿呦，拔萝卜”，用手势或表情提示孩子接唱，搭建语言桥梁。

2. 家长在唱“嘿呦，嘿呦，拔不动”时，可以邀请孩子或第三人一起唱“小哥哥，快快来”，用手势或表情提示孩子接唱，搭建语言桥梁。

3. 家长在唱“快来帮我们拔萝卜”时，可以邀请孩子或第三人一起唱“嘿呦，嘿呦，拔萝卜”，用手势或表情提示孩子接唱，搭建语言桥梁。

4. 家长可以根据孩子的语言能力调整目标，如初级语言目标重点练习“**b**”（拔 / 帮）音，结合动作和搭建桥梁策略，帮助孩子感知和模仿发音。

5. 中级语言目标引导孩子说出“萝卜”“拔不动”等词，配合动作和搭建桥梁策略，加深理解；高级语言目标重点鼓励孩子完整表达“大家快来帮我们拔萝卜”或“嘿呦，嘿呦，拔萝卜”等复杂句，使用相同策略即可。

发音练习进度打卡

日期	练习内容	目标发音	练习时长（分钟）	完成情况（√ / ×）	家长 / 治疗师评价	孩子反馈 / 表现

儿歌游戏 26 爆米花

游戏实施策略示范

√ 放慢节奏（拉长音）

初级语言目标

p（适合无口语阶段孩子）

中级语言目标

爆米花（适合词句阶段孩子）

高级语言目标

我们一起来做爆米花（适合复杂句阶段孩子）

啪～噗

啪～噗

一颗一颗爆米花

啪～噗

啪～噗

我们一起来做爆米花

操作技巧

1. 家长唱“啪噗”时，用手做出“爆米花爆开”的动作（如双手突然张开），并在“啪噗”处放慢节奏拉长“**p**”音（如“啪——噗”），引导孩子观察并模仿动作。

2. 家长唱“一颗一颗爆米花”时，用手做出“爆米花”的动作（如双手模仿爆米花跳动），并在“爆米花”处放慢节奏拉长“爆”，等待孩子模仿动作或尝试发音。

3. 家长唱“啪噗”时，再次用手做出“爆米花爆开”的动作，并在“啪噗”处放慢节奏拉长“**p**”音（如“啪——噗”），鼓励孩子模仿发音或动作。

4. 家长唱“我们一起来做爆米花”时，用手做出“一起做”的动作（如双手模仿搅拌），并在“爆米花”处放慢节奏拉长“爆”，引导孩子模仿动作并尝试发音。

5. 家长可以根据孩子的语言能力调整目标，如初级语言目标重点练习“**p**”（啪 / 噗）音，结合动作和放慢节奏策略，帮助孩子感知和模仿发音。

6. 中级语言目标引导孩子说出“爆米花”“啪噗”等词，配合动作和放慢节奏策略，加深理解。高级语言目标鼓励孩子完整表达“我们一起来做爆米花”或“一颗一颗爆米花”等复杂句，同时使用相同策略。

儿歌游戏 27 黑猫警长

游戏实施策略示范

√ 匹配因果（手势提示发音）

初级语言目标

m（适合无口语阶段孩子）

中级语言目标

黑猫（适合词句阶段孩子）

高级语言目标

开着警车嘀嘀嘀（适合复杂句阶段孩子）

黑**猫**警长，黑**猫**警长，**喵喵喵**

开着警车，开着警车，**嘀嘀嘀**

小小老鼠，小小老鼠，哪里逃

一枪一个，一枪一个，消灭掉

操作技巧

1. 家长唱“黑猫警长，黑猫警长，喵喵喵”时，用手做出“黑猫警长”的动作（如双手模仿猫耳朵），并在“喵喵喵”处加重语气并做出动作，引导孩子观察并模仿动作尝试发音“**m**”（猫 / 喵）。

2. 家长唱“黑猫警长，黑猫警长，喵喵喵”时，用手做出“喵喵喵”的动作（双手在嘴旁边比画猫胡子），并在“喵喵喵”处拉长音（如“喵——喵喵”），鼓励孩子模仿发音或动作。

3. 家长唱“小小老鼠，小小老鼠，哪里逃”时，用手做出“老鼠跑”的动作（如手指模仿老鼠跑动），并匹配老鼠跑的音，等待孩子模仿动作或尝试发音。

4. 家长唱“一枪一个，一枪一个，消灭掉”时，用手做出“开枪”的动作（如双手模仿开枪，发出 beng beng beng 的动作提示发音），引导孩子模仿动作并尝试发音。

5. 家长可以根据孩子的语言能力调整目标，如初级语言目标重点练习“**m**”（喵 / 猫）音，结合动作和匹配因果策略，帮助孩子感知和模仿发音。

6. 中级语言目标引导孩子说出“黑猫”“警车”等词，配合动作和匹配因果策略，加深理解；高级语言目标重点鼓励孩子完整表达“黑猫警长，黑猫警长，喵喵喵”或“一枪一个，嘣嘣嘣”等复杂句，同时使用相同策略。

儿歌游戏 28 点豆豆

游戏实施策略示范

√ 改变规律（花改唱飞）

初级语言目标

f（适合无口语阶段孩子）

中级语言目标

豆豆豆豆飞（适合词句阶段孩子）

高级语言目标

豆豆豆豆，五个是一家（适合复杂句阶段孩子）

豆豆豆豆点点，豆豆豆豆花

豆豆豆豆，一个变成仨

豆豆豆豆点点，豆豆豆豆花

豆豆豆豆，五个是一家

操作技巧

1. 家长唱"豆豆豆豆点点，豆豆豆豆花"时，用手做出"点豆豆"的动作（如手指点触），并在"豆豆花"处改变规律将"豆豆花"改成"豆豆飞"，引导孩子尝试发音。

2. 家长唱"豆豆豆豆，一个变成仨"时，用手做出"豆豆变多"的动作（如手指从一变三），并在"变成仨"处改变规律将"变成仨"改成"变成飞机"，等待孩子说出"f"的发音。

3. 家长在唱"豆豆豆豆点点，豆豆豆豆花"时改变规律，将"花"改为"飞"，并用手做出"飞走"的动作（如双手模仿小鸟飞翔），观察孩子的反应，等待孩子纠正发音或模仿动作。

4 家长可以根据孩子的语言能力调整目标，如初级语言目标重点练习"f"（飞）音，结合动作和改变规律策略，帮助孩子感知和模仿发音。

5. 中级语言目标引导孩子说出"飞走了""豆豆花"等词，配合动作和改变规律策略，加深理解。高级语言目标鼓励孩子完整表达"豆豆变成小鸟飞走了"或"豆豆豆豆，五个是一家"等复杂句，同时使用相同策略。

发音练习进度打卡

日期	练习内容	目标发音	练习时长（分钟）	完成情况（✓/×）	家长/治疗师评价	孩子反馈/表现

儿歌游戏 29 小汽车

游戏实施策略示范

√ 创造规律（例如，“嘀嘀嘀，嘀嘀嘀，预备开汽车喽”）

初级语言目标

d（适合无口语阶段孩子）

中级语言目标

小汽车（适合词句阶段孩子）

高级语言目标

小宝宝，当司机（适合复杂句阶段孩子）

（家长提示）握好方向盘

小汽车，**嘀嘀嘀**

开过来，开过去

小宝宝，当司机

送妈妈，上班去

操作技巧

1. 家长提示“握好方向盘”时，用手做出“握方向盘”的动作（如双手握方向盘），并在“方向盘”处加重语气创造规律，引导孩子观察并模仿动作。

2. 家长唱“小汽车，嘀嘀嘀”时，用手做出“按喇叭”的动作（如手指按喇叭），并在“嘀嘀嘀”处拉长“**d-i**”音（如“嘀——嘀嘀”），鼓励孩子模仿发音或动作。

3. 家长唱“开过来，开过去”时，用手做出“开车”的动作（如双手模仿开车），并创造开过来开过去的规律，等待孩子模仿动作或尝试发音。

4. 家长可以根据孩子的语言能力调整目标发，如初级语言目标重点练习“d”（嘀 / 当）音，结合动作和创造规律策略，帮助孩子感知和模仿发音。

5. 在“小汽车，嘀嘀嘀”后，接“嘀嘀嘀，嘀嘀嘀，预备开汽车喽”，形成固定的语言和动作规律，帮助孩子预测和参与；在“开过来，开过去”后，接“嘀嘀嘀，嘀嘀嘀，预备开汽车喽”，形成固定的拟声词规律，让孩子熟悉并模仿发音。

儿歌游戏 30 小猴子爬山

游戏实施策略示范

√突然中止（跳的时候突然停止）

初级语言目标

t（适合无口语阶段孩子）

中级语言目标

跳呀跳（适合词句阶段孩子）

高级语言目标

爬到了头上跳呀跳呀跳（适合复杂句阶段孩子）

小猴子爬山爬呀爬呀爬，爬到了膝盖
跳呀跳呀跳

小猴子爬山爬呀爬呀爬，爬到了肩膀
跳呀**跳**呀**跳**

小猴子爬山爬呀爬呀爬，爬到了头上
跳呀跳呀跳

咕噜咕噜滚下来

操作技巧

1. 家长唱“小猴子爬山爬呀爬呀爬，爬到了膝盖跳呀跳呀跳”时，突然中止在“跳”前（如“跳——”，不唱“呀跳呀跳”），用手势或表情提示孩子补充“呀跳呀跳”，激发孩子的语言输出欲望。

2. 家长唱“小猴子爬山爬呀爬呀爬，爬到了肩膀跳呀跳呀跳”时，突然中止在“跳”前（如“跳——”，不唱“呀跳呀跳”），用手势或表情提示孩子补充“呀跳呀跳”，激发孩子的语言输出欲望。

3. 家长唱“小猴子爬山爬呀爬呀爬，爬到了头上跳呀跳呀跳”时，突然中止在“跳”前（如“跳——”，不唱“呀跳呀跳”），用手势或表情提示孩子补充“呀跳呀跳”，激发孩子的语言输出欲望。

4. 家长可以根据孩子的语言能力调整目标，如初级语言目标重点练习“t”（跳）音，结合动作和突然中止策略，帮助孩子感知和模仿发音。

发音练习进度打卡

日期	练习内容	目标发音	练习时长（分钟）	完成情况（√ / ×）	家长 / 治疗师评价	孩子反馈 / 表现

儿歌游戏 31 排排坐，吃果果

游戏实施策略示范

√ 搭建桥梁（三人轮流接唱）

初级语言目标

n（适合无口语阶段孩子）

中级语言目标

你一个（适合词句阶段孩子）

高级语言目标

你一个我一个（适合复杂句阶段孩子）

排排坐，吃果果

你一个，我一个

妹妹睡着了

给她留一个

操作技巧

1. 家长在唱“排排坐，吃果果”时，可以邀请孩子或第三人轮流接唱“你一个，我一个”，用手势或表情提示孩子接唱，搭建语言桥梁。

2. 家长在唱“你一个，我一个”时，可以邀请孩子或第三人轮流接唱“妹妹睡着了，给她留一个”，用手势或表情提示孩子接唱，搭建语言桥梁。

3. 家长可以根据孩子的语言能力调整目标，如初级语言目标重点练习“**n**”（你）音，结合动作和搭建桥梁策略，帮助孩子感知和模仿发音。

发音练习进度打卡

日期	练习内容	目标发音	练习时长（分钟）	完成情况（√/×）	家长/治疗师评价	孩子反馈/表现

儿歌游戏 32 葫芦娃

游戏实施策略示范

√放慢节奏（唱到“葫芦”时拉长音）

初级语言目标

I（适合无口语阶段孩子）

中级语言目标

葫芦娃（适合词句阶段孩子）

高级语言目标

葫芦娃本领大（适合复杂句阶段孩子）

葫**芦**娃，葫**芦**娃，一根藤上七朵花

风吹雨打都不怕，啦啦啦啦——

叮当当咚咚当当，葫芦娃

叮当当咚咚当当，本领大

啦啦啦啦——葫芦娃，葫芦娃，本领大

操作技巧

1. 家长唱“葫芦娃，葫芦娃”时，放慢节奏拉长“葫芦”音（如“葫芦 l–u”），引导孩子模仿动作并尝试发音。

2. 家长唱“啦啦啦啦”时，用手做出“欢呼”的动作（如双手高举摇摆），并在“啦啦啦啦”处放慢节奏拉长“l”音（如“啦——啦啦”），引导孩子模仿动作并尝试发音。

3. 家长唱“叮当当咚咚当当，本领大”时，用手做出“展示本领”的动作（如双手模仿展示力量），并在“本领大”处拉长“l–ing”音（如“本——领大”），等待孩子模仿动作或尝试发音。

4. 家长可以根据孩子的语言能力调整目标，如初级语言目标重点练习“l”（啦 / 领）音，结合动作和放慢节奏策略，帮助孩子感知和模仿发音。

儿歌游戏 33 数鸭子

游戏实施策略示范

√ 匹配因果（动作提示发音）

初级语言目标

g（适合无口语阶段孩子）

中级语言目标

一群鸭（适合词句阶段孩子）

高级语言目标

数不清到底多少鸭（适合复杂句阶段孩子）

门前大桥下，游过一群鸭

快来快来数一数，二四六七八

咕嘎**咕**嘎，真呀真多呀

数不清到底多少鸭

操作技巧

1. 家长唱“门前大桥下，游过一群鸭”时，用手做出“鸭子游水”的动作（如双手模仿鸭子游动），并在“一群鸭”处用动作提示发音“鸭”，引导孩子尝试发音。

2. 家长唱“快来快来数一数，二四六七八”时，用手做出“数数”的动作（如手指逐一点数），并在“二四六七八”处用动作提示发音“八”，等待孩子模仿动作或尝试发音。

3. 家长唱“咕嘎咕嘎，真呀真多呀”时，用手做出“鸭子叫”的动作（如双手模仿鸭子张嘴），并在“咕嘎咕嘎”处用动作提示发音“**g-a**”音（如“咕——嘎咕嘎”），鼓励孩子模仿发音或动作。

4. 家长唱“数不清到底多少鸭”时，用手做出“数不清”的动作（如双手摊开表示无奈），并在“多少鸭”处用动作提示发音“多少鸭”，引导孩子模仿动作并尝试发音。

5. 家长可以根据孩子的语言能力调整目标，如初级语言目标重点练习“**g**”（咕 / 嘎）音，结合动作和匹配因果策略，帮助孩子感知和模仿发音。

发音练习进度打卡

日期	练习内容	目标发音	练习时长（分钟）	完成情况（√/×）	家长 / 治疗师评价	孩子反馈 / 表现

儿歌游戏 34 小小鸡蛋把门开

游戏实施策略示范

√ 匹配因果（动作提示发音）

初级语言目标

k（适合无口语阶段孩子）

中级语言目标

开门（适合词句阶段孩子）

高级语言目标

小小鸡蛋把门开（适合复杂句阶段孩子）

小小鸡蛋把门开

开出一只小鸡来

毛茸茸

胖乎乎

叽叽叽叽，叽叽叽叽，唱起来

操作技巧

1. 家长唱“小小鸡蛋把门开”时，用手做出“鸡蛋开门”的动作（如双手模仿鸡蛋裂开），并在“把门开”处用动作提示发音“开”，引导孩子模仿并尝试发音。

2. 家长唱“开出一只小鸡来”时，用手做出“小鸡出来”的动作（如双手模仿小鸡破壳而出），并在“小鸡来”处用动作提示发音“小鸡”，等待孩子模仿动作或尝试发音。

3. 家长唱“毛茸茸，胖乎乎”时，用手做出“小鸡毛茸茸”的动作（如双手模仿抚摸小鸡），并在“胖乎乎”处用动作提示发音“胖乎乎”音（如“胖——乎乎”），鼓励孩子模仿发音或动作。

4. 家长唱“叽叽叽叽，叽叽叽叽，唱起来”时，用手做出“小鸡叫”的动作（如双手模仿小鸡张嘴），并在“叽叽叽叽”处用动作提示发音“叽叽叽”，引导孩子模仿动作并尝试发音。

5. 家长可以根据孩子的语言能力调整目标，如初级语言目标重点练习“**k**”（开）音，结合动作和匹配因果策略，帮助孩子感知和模仿发音。

儿歌游戏 35 炒栗子

游戏实施策略示范

√制造干扰（唱到“呼”“哈”处挠动孩子身体）

初级语言目标

h（适合无口语阶段孩子）

中级语言目标

热乎乎（适合词句阶段孩子）

高级语言目标

热乎乎的栗子炒好啦（适合复杂句阶段孩子）

呼——呼呼，呼呼——呼

热乎乎炒栗子，轻轻吹一吹，呼呼呼，呼呼呼

寒冷冬天里，还是炒栗子最棒了

呼，呼呼，呼呼，呼，栗子炒好啦

操作技巧

1. 家长唱“呼——呼呼，呼呼——呼”时，用手做出“吹气”的动作（如双手模仿吹气）制造干扰吹气到孩子身体部位，引导孩子有兴趣参与互动。

2. 家长唱“热乎乎炒栗子，轻轻吹一吹”时，用手做出“炒栗子”和“吹气”的动作（如双手模仿炒栗子和吹气），并在“轻轻吹一吹”处制造干扰并重重吹孩子眼睛、脖子等敏感部位，等待孩子模仿动作或尝试发音。

3. 家长唱“呼，呼呼，呼呼，呼”时，用手做出“吹气”的动作，并在“呼呼，呼呼”处用“**h**”音（如“呼——呼呼”）制造干扰呼哈孩子身体，鼓励孩子模仿发音或动作。

4. 家长唱“寒冷冬天里，还是炒栗子最棒了”时，用手做出“寒冷”和“炒栗子”的动作（如双手模仿发抖和炒栗子）并制造干扰炒的动作挠动孩子身体，引导孩子模仿动作并尝试发音。

5. 家长唱“呼，呼呼，呼呼，呼，栗子炒好啦”时，用手做出“吹气”和“炒栗子”的动作，呼呼处用“**h-u**”音制造干扰吹气到孩子耳朵部位，等待孩子模仿动作或尝试发音。

6. 家长在唱“呼，呼呼，呼呼，呼”时，制造干扰，用手轻轻挠动孩子的身体（如挠痒痒），观察孩子的反应，等待孩子补充“呼呼呼呼”或模仿动作。

7. 家长可以根据孩子的语言能力调整目标，如初级语言目标重点练习“**h**”（呼）音，结合动作和制造干扰策略，帮助孩子感知和模仿发音。

8. 中级语言目标引导孩子说出“热乎乎”“炒栗子”等词，配合动作和制造干扰策略，加深理解。高级语言目标鼓励孩子完整表达“热乎乎的栗子炒好啦”或“寒冷冬天里，还是炒栗子最棒了”等复杂句，同时使用相同策略。

儿歌游戏 36 两只小鸡

游戏实施策略示范

√制造干扰（唱到“摔疼了鸡”时假装摔倒）

初级语言目标

j（适合无口语阶段孩子）

中级语言目标

小鸡叽叽（适合词句阶段孩子）

高级语言目标

拉断了虫子，摔疼了鸡（适合复杂句阶段孩子）

两只小鸡，**叽叽叽**

钻进草丛找东西，发现一条小虫子

你争我抢不客气，拉过来扯过去

拉断了虫子，摔疼了鸡

操作技巧

1. 家长唱“两只小鸡，叽叽叽”时，用手做出“小鸡叫”的动作（如双手模仿小鸡张嘴），并在“叽叽叽”处制造干扰用手挠动孩子身体部位，如肚子、脖子等，引导孩子对此产生兴趣互动并尝试发音“i”。

2. 家长唱“钻进草丛找东西”时，用手做出“找东西”的动作（如双手模仿在草丛中寻找），并在“找东西”处制造干扰在孩子身上翻腾找东西，等待孩子模仿动作或尝试发音。

3. 家长唱“发现一条小虫子”时，用手做出“发现虫子”的动作（如双手模仿抓住虫子），并在“小虫子”处制造干扰在孩子身体上爬来爬去，鼓励孩子模仿发音或动作。

4. 家长唱“你争我抢不客气”时，用手做出“争抢”的动作（如双手模仿拉扯），并在“不客气”处制造干扰在孩子身体上翻滚，鼓励孩子模仿发音或动作。

5. 家长唱“拉过来扯过去”时，用手做出“拉扯”的动作（如双手模仿来回拉扯），并在“扯过去”处制造干扰在孩子身体上拉扯衣服或手臂，鼓励孩子模仿发音或动作。

6. 家长在唱“摔疼了鸡”时，制造干扰，假装摔倒并轻轻躺在孩子身上，观察孩子的反应，等待孩子补充“摔疼了鸡”或模仿动作。

7. 家长可以根据孩子的语言能力调整目标，如初级语言目标重点练习“i”（叽／鸡）音，结合动作和制造干扰策略，帮助孩子感知和模仿发音。

8. 中级语言目标引导孩子说出“小鸡叽叽”“摔疼了鸡”等词，配合动作和制造干扰策略，加深理解。高级语言目标鼓励孩子完整表达“拉断了虫子，摔疼了鸡”或“你争我抢不客气”等复杂句，同时完成相应动作。

儿歌游戏 37 炒萝卜

游戏实施策略示范

√ 制造干扰（唱到“切切切”时“切”孩子身体）

初级语言目标

q（适合无口语阶段孩子）

中级语言目标

切切切（适合词句阶段孩子）

高级语言目标

我们一起切萝卜（适合复杂句阶段孩子）

炒萝卜，炒萝卜，**切切切**

包饺子，包饺子，捏捏捏

好孩子，好孩子，顶呱呱，呱呱呱呱

呱呱呱呱呱

操作技巧

1. 家长唱“炒萝卜，炒萝卜，切切切”时，用手做出“切萝卜”的动作（如双手模仿切菜），并在“切切切”处制造干扰用手切孩子的身体部位，如手臂，引导孩子有兴趣参与并发音“切”。

2. 家长唱“包饺子，包饺子，捏捏捏”时，用手做出“包饺子”的动作（如双手模仿捏饺子），并在“捏捏捏”处制造干扰用手捏孩子身体部位，如脸颊，等待孩子模仿动作或尝试发音。

3. 家长唱“好孩子，好孩子，顶呱呱”时，用手做出“夸奖”的动作（如双手竖起大拇指），并在“顶呱呱”处制作干扰用大拇指在额头上触碰，鼓励孩子模仿发音或动作。

4. 家长可以根据孩子的语言能力调整目标，如初级语言目标重点练习“q”（切）音，结合动作和制造干扰策略，帮助孩子感知和模仿发音。

5. 中级语言目标引导孩子说出“切萝卜”“包饺子”等词，配合动作和制造干扰策略，加深理解；高级语言目标鼓励孩子完整表达“我们一起切萝卜”或“好孩子顶呱呱”等复杂句，可使用相同策略。

发音练习进度打卡

日期	练习内容	目标发音	练习时长（分钟）	完成情况（√/×）	家长/治疗师评价	孩子反馈/表现

儿歌游戏 38 喜欢颂

游戏实施策略示范

√ 重复机制（重复歌词“我喜欢”）

初级语言目标

x（适合无口语阶段孩子）

中级语言目标

喜欢（适合词句阶段孩子）

高级语言目标

我喜欢大家一起来唱歌（适合复杂句阶段孩子）

我**喜**欢妈妈，亲一亲

我**喜**欢爸爸，抱一抱

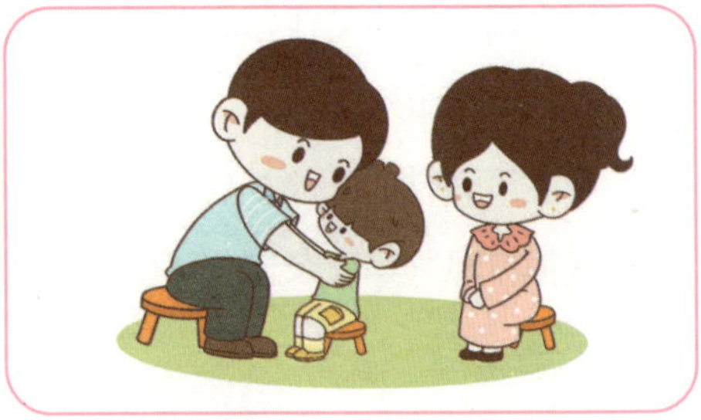

我**喜**欢苹果，咬咬咬

我**喜**欢小车，嘀嘀嘀

操作技巧

1. 家长在唱“我喜欢妈妈，亲一亲”时，重复“我喜欢”部分，并用手做出“亲一亲”动作，等待孩子补充“亲一亲”或模仿动作。

2. 家长在唱“我喜欢爸爸，抱一抱”时，重复“我喜欢”部分，并用手做出“抱一抱”动作，等待孩子补充“抱一抱”或模仿动作。

3. 家长在唱“我喜欢苹果，咬咬咬”时，重复“我喜欢”部分，并用手做出“咬苹果”动作，等待孩子补充“咬咬咬”或尝试说出完整句子。

4. 家长在唱“我喜欢小车，嘀嘀嘀”时，重复“我喜欢”部分，并用手做出“开车”动作，等待孩子补充“嘀嘀嘀”或模仿动作。

5. 家长可以根据孩子的语言能力调整目标，如初级语言目标重点练习“**x**”（喜 / 咬）音，结合动作和重复机制策略，帮助孩子感知和模仿发音。

发音练习进度打卡

日期	练习内容	目标发音	练习时长（分钟）	完成情况（√ / ×）	家长 / 治疗师评价	孩子反馈 / 表现

儿歌游戏 39 找朋友

游戏实施策略示范

√ 假装唱错（唱错词）

初级语言目标

zh（适合无口语阶段孩子）

中级语言目标

找朋友（适合词句阶段孩子）

高级语言目标

你是我的好朋友（适合复杂句阶段孩子）

找呀**找**呀**找**朋友

找到一个好朋友

敬个礼

握握手

你是我的好朋友

操作技巧

1. 家长在唱“找呀找呀找朋友”时，假装唱错为“找呀找呀找小猫”，用手做出“找小猫”的动作，观察孩子的反应，等待孩子纠正发音。

2. 家长在唱“找到一个好朋友”时，假装唱错为“找到一只小狗狗”，用手做出“找到狗狗”的动作，观察孩子的反应，等待孩子纠正发音。

3. 家长在唱“敬个礼，握握手”时，假装唱错为“敬个礼，拍拍手”，用手做出“拍拍手”的动作，观察孩子的反应，等待孩子纠正发音。

4. 家长可以根据孩子的语言能力调整目标，如初级语言目标重点练习“**zh**”（找 / 握 ）音，结合动作和假装唱错策略，帮助孩子感知和模仿发音。中级语言目标引导孩子说出“找朋友”“好朋友”等词，配合动作和假装唱错策略，加深理解。高级语言目标鼓励孩子完整表达“你是我的好朋友”或“敬个礼呀，握握手”等复杂句，同时使用相同策略。

儿歌游戏 40 吹泡泡

游戏实施策略示范

√ 创造规律（唱到“吹泡泡”时开始导入节奏）

初级语言目标

ch（适合无口语阶段孩子）

中级语言目标

吹泡泡（适合词句阶段孩子）

高级语言目标

吹出一个大泡泡（适合复杂句阶段孩子）

吹泡泡，**吹**泡泡，**吹**出一个大泡泡

飞得低，飞得高

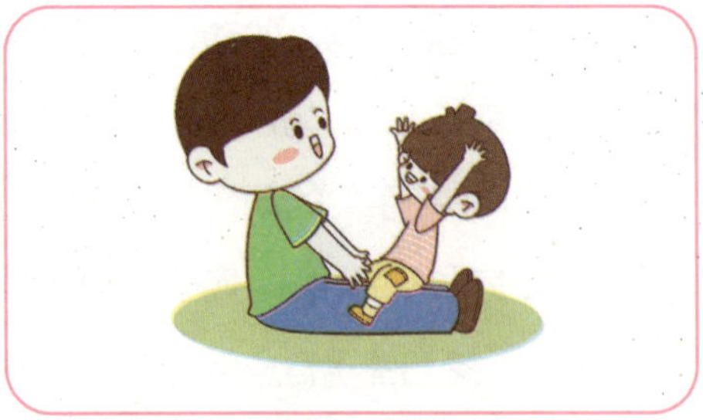

大大泡泡不见了

吹泡泡，吹泡泡，吹出一个小泡泡

一个一个又一个，粘在一起像葡萄

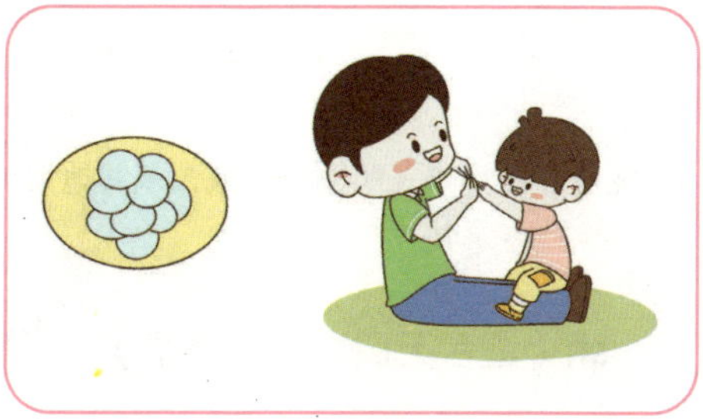

操作技巧

1. 家长唱“吹泡泡，吹泡泡”时，创造规律，如 123 吹或吹呀吹呀吹呀，开始吹，引导孩子有规律并参与互动。

2. 家长唱“吹出一个大泡泡”时，用手做出“大泡泡”的动作（如双手画一个大圈），并在“大泡泡”处放慢节奏，等待孩子模仿动作或尝试发音。

3. 家长唱“飞得低，飞得高”时，用手创造规律做出“泡泡飞”的动作（如双手模仿泡泡高低飞动），鼓励孩子模仿发音或动作。

4. 家长唱“大大泡泡不见了”时，用手创造规律做出“泡泡消失”的动作（如双手摊开表示消失），引导孩子模仿动作并尝试发音。

5. 家长唱“一个一个又一个，粘在一起像葡萄”时，用手做出“泡泡粘在一起”的动作（如双手模仿泡泡黏合）创作成葡萄的样子形成规律，等待孩子模仿动作或尝试发音。

6. 家长可以根据孩子的语言能力调整目标，如初级语言目标重点练习“**ch**”（吹 / 出）音，结合动作和创造规律策略，帮助孩子感知和模仿发音。中级语言目标引导孩子说出“吹泡泡”“大泡泡”等词，配合动作和创造规律策略，加深理解。高级语言目标鼓励孩子完整表达“吹出一些泡泡来”或“大大泡泡不见了”等复杂句，同时使用相同策略。

儿歌游戏 41 牙刷火车

游戏实施策略示范

√改变规律（串烧《嘻唰唰》或改成其他词）

初级语言目标

sh（适合无口语阶段孩子）

中级语言目标

牙刷（适合词句阶段孩子）

高级语言目标

牙刷火车满嘴跑（适合复杂句阶段孩子）

小牙**刷**，手中拿

张开我的大嘴巴

牙刷火车出发啦，哦嚓哦嚓呜——

上刷刷，下刷刷

操作技巧

1. 家长唱“小牙刷，手中拿”时，改变规律，将“小牙刷”改为“粉刷匠”，用手做出“刷牙”动作，观察孩子的反应，等待孩子补充“刷”或模仿动作。

2. 家长唱“牙刷火车出发啦”时，改变规律，将“牙刷火车”改为“牙膏火车”，用手做出“刷牙”动作，观察孩子的反应，等待孩子补充“牙刷”或模仿动作。

3. 家长唱“嘁嚓嘁嚓呜——”时，改变规律，将“戚嚓”改为“轰隆”，用手做出“嘁嚓”动作，观察孩子的反应，等待孩子补充“嘁嚓”或模仿动作。

4. 家长在唱“上刷刷，下刷刷”时，改变规律，将“上刷刷，下刷刷”改为“嘻唰唰，嘻唰唰”，用手做出“刷牙”动作，观察孩子的反应，等待孩子补充“上刷刷，下刷刷”或模仿动作。

5. 家长在唱“左刷刷来右刷刷”，改变规律，将“左刷刷来右刷刷”改为“前唰唰来后唰唰”，用手做出“刷牙”动作，观察孩子的反应，等待孩子补充“左唰唰来右唰唰”或模仿动作。

6. 家长可以根据孩子的语言能力调整目标，如初级语言目标重点练习“**sh**”（刷）音，结合动作和改变规律策略，帮助孩子感知和模仿发音。

儿歌游戏 42 蒸馒头

游戏实施策略示范

√制造干扰（唱到“揉”字时揉搓孩子身体）

初级语言目标

r（适合无口语阶段孩子）

中级语言目标

揉好面（适合词句阶段孩子）

高级语言目标

揉好面蒸馒头（适合复杂句阶段孩子）

蒸蒸蒸馒头，帮我蒸一个大馒头

揉好面，拍一拍

然后再来揉一揉，再在中间点个点儿

放到蒸锅蒸一蒸，馒头蒸好了

操作技巧

1. 家长唱“蒸蒸蒸蒸馒头”时，用手制造干扰做出“蒸馒头”的动作（如双手模仿蒸汽上升）在孩子身上揉搓，引导孩子参与兴趣并模仿动作。

2. 家长在唱“揉好面，拍一拍”时，制造干扰，用手轻轻揉搓孩子的身体（如轻轻揉搓手臂或肚子），观察孩子的反应，等待孩子补充“揉好面”或模仿动作。

3. 家长在唱“然后再来揉一揉”时，制造干扰，用手轻轻揉搓孩子的身体，观察孩子的反应，等待孩子补充“揉一揉”或模仿动作。

4. 家长唱“再在中间点个点儿”时，制造干扰用手做出“点个点儿”的动作（如手指点触），并在小朋友额头上用手轻轻点额头，等待孩子模仿动作或尝试发音。

5. 家长可以根据孩子的语言能力调整目标，如初级语言目标重点练习“**r**”（揉 / 热）音，结合动作和制造干扰策略，帮助孩子感知和模仿发音。中级语言目标引导孩子说出“揉好面”“蒸馒头”等词，配合动作和制造干扰策略，加深理解。高级语言目标鼓励孩子完整表达“揉好面蒸馒头”或“馒头蒸好了”等复杂句，同时使用相同策略。

发音练习进度打卡

日期	练习内容	目标发音	练习时长（分钟）	完成情况（√ / ×）	家长 / 治疗师评价	孩子反馈 / 表现

儿歌游戏 43 穿衣歌

游戏实施策略示范

√ 制造干扰（唱到“吱扭吱扭”时挠孩子身体）

初级语言目标

zh（适合无口语阶段孩子）

中级语言目标

吱扭吱扭（适合词句阶段孩子）

高级语言目标

吱扭吱扭上房子（适合复杂句阶段孩子）

抓领子

盖房子

小老鼠，出洞子

吱扭吱扭上房子

操作技巧

1. 家长唱“抓领子，盖房子”时，制造干扰，用手轻轻挠孩子的身体（如轻轻挠手臂或肚子），观察孩子的反应，等待孩子补充“抓领子”或模仿动作。

2. 家长唱“小老鼠，出洞子”时，制造干扰，用手轻轻挠孩子的身体（如轻轻挠痒痒手臂或肚子），观察孩子的反应，等待孩子补充“出洞子”或模仿动作。

3. 家长在唱“吱扭吱扭上房子”时，制造干扰，用手轻轻挠孩子的身体（如轻轻挠痒痒手臂或肚子），观察孩子的反应，等待孩子补充“吱扭吱扭”或模仿动作。

4. 家长可以根据孩子的语言能力调整目标，如初级语言目标重点练习“z”（吱 / 抓）音，结合动作和制造干扰策略，帮助孩子感知和模仿发音。中级语言目标引导孩子说出“吱扭吱扭”“上房子”等词，配合动作和制造干扰策略，加深理解。高级语言目标鼓励孩子完整表达“抓领子，盖房子，一起来上房子”或“吱扭吱扭上房子”等复杂句，同时使用相同策略。

发音练习进度打卡

日期	练习内容	目标发音	练习时长（分钟）	完成情况（√ /×）	家长 / 治疗师评价	孩子反馈 / 表现

儿歌游戏 44 小刺猬

游戏实施策略示范

√ 重复机制（重复“刺”的发音）

初级语言目标

c（适合无口语阶段孩子）

中级语言目标

小刺猬（适合词句阶段孩子）

高级语言目标

小刺猬真滑头（适合复杂句阶段孩子）

小**刺**猬真滑头

遇到敌人滚成球

谁要对它咬一口

啊呀呀，疼得眼泪往下流

操作技巧

1. 家长唱“小刺猬真滑头”时，重复“刺”的发音（如“小刺——刺猬真滑头”），并用手做出“刺猬”动作，等待孩子补充“刺猬”或模仿动作。

2. 家长唱“遇到敌人滚成球”时重复“滚”的发音（如“滚成球”），并用手做出“滚”动作，等待孩子补充“滚”或模仿动作。

3. 家长唱“谁要对它咬一口”时，重复“咬一口”的发音（如“咬一口”），并用手做出“咬”动作，等待孩子补充“咬”或模仿动作。

4. 家长唱“疼得眼泪往下流”时，重复“流”的发音（如“眼泪往下流”），并用手做出“流眼泪”动作，等待孩子补充“流”或模仿动作。

5. 家长可以根据孩子的语言能力调整目标，如初级语言目标重点练习“**c**”（刺）音，结合动作和重复机制策略，帮助孩子感知和模仿发音。中级语言目标引导孩子说出“小刺猬”“滚成球”等词，配合动作和重复机制策略，加深理解。高级语言目标鼓励孩子完整表达“小刺猬真滑头”或“疼得眼泪往下流”等复杂句，同时使用相同策略。

发音练习进度打卡

日期	练习内容	目标发音	练习时长（分钟）	完成情况（√/×）	家长/治疗师评价	孩子反馈/表现

儿歌游戏 45　五指歌

游戏实施策略示范

√ 假装唱错（唱错词）

初级语言目标

s（适合无口语阶段孩子）

中级语言目标

上山（适合词句阶段孩子）

高级语言目标

上山打老虎（适合复杂句阶段孩子）

一二**三四**五，上山打老虎

老虎打不到，打到小松鼠

松鼠有几只？让我数一数

数来又数去

一二三四五

操作技巧

1. 家长在唱“一二三四五，上山打老虎”时，假装唱错为“一二三四五，上山打小猫”，用手做出“打小猫”的动作，观察孩子的反应，等待孩子纠正发音。

2. 家长在唱“老虎打不到，打到小松鼠”时，假装唱错为“老虎打不到，打到小兔子”，用手做出“打兔子”的动作，观察孩子的反应，等待孩子纠正发音。

3. 家长在唱“松鼠有几只？让我数一数”时，假装唱错为“兔子有几只？让我数一数”，用手做出“数数”动作，观察孩子的反应，等待孩子纠正发音。

4. 家长可以根据孩子的语言能力调整目标，如初级语言目标重点练习“**s**”（数 / 松）音，结合动作和假装唱错策略，帮助孩子感知和模仿发音。中级语言目标引导孩子说出“上山”“小松鼠”等词，配合动作和假装唱错策略，加深理解。高级语言目标鼓励孩子完整表达“上山打老虎”或“松鼠有几只？让我数一数”等复杂句，同时使用相同策略。

附录一

《构音语音能力评估》记录表

（黄昭鸣——韩知娟词表）

记录说明： 正确“√”；歪曲“⊗”；遗漏“⊖”；替代：实发音的拼音。

序号	词	目标音	序号	词	目标音	序号	词	目标音	序号	词	目标音
1	包	b	12	鸡	j	23	泡	p	34	心	in
	bāo			jī			pào			xīn	
2	抛	p	13	七	q	24	稻	d	35	星	ing
	pāo			qi			dào			xīng	
3	猫	m	14	吸	x	25	菇	g	36	船	uan
	māo			xī			gū			chuán	
4	飞	f	15	猪	zh	26	哭	k	37	床	uang
	fēi			zhū			kū			chuáng	
5	刀	d	16	出	ch	27	壳	k	38	拔	a
	dāo			chū			ké			bá	
6	套	t	17	书	sh	28	纸	zh	39	鹅	e
	tào			shū			zhǐ			é	
7	闹	n	18	肉	r	29	室	sh	40	一	i
	nào			ròu			shì			yī	
8	鹿	l	19	紫	z	30	字	z	41	家	ia
	lù			zǐ			zì			jiā	
9	高	g	20	粗	c	31	刺	c	42	浇	iao
	gāo			cū			cì			jiāo	
10	铐	k	21	四	s	32	蓝	an	43	乌	u
	kào			sì			lán			wū	
11	河	h	22	杯	b	33	狼	ang	44	雨	ü
	hé			bēi			láng			yǔ	

续表

序号	词	目标音	序号	词	目标音	序号	词	目标音	序号	词	目标音
45	椅	i	47	蛙	1	49	瓦	3			
	yǐ			wā			wǎ				
46	鼻	i	48	娃	2	50	袜	4			
	bí			wá			wà				

附录二

声母音位习得顺序发展表

		年龄（岁；月）								
阶段	声母音位	2;7–2;12	3;1–3;6	3;7–3;12	4;1–4;6	4;7–4;12	5;1–5;6	5;7–5;12	6;1–6;6	习得与否
第一阶段	b									
	m									
	d									
	h									
第二阶段	p									
	t									
	g									
	k									
	n									
第三阶段	f									
	j									
	q									
	x									

续表

第四阶段	l									
	z									
	s									
	r									
第五阶段	c								<90%	
	zh								〃	
	ch								〃	
	sh								〃	

※ 灰色块表示所有正常儿童中的 90% 能正确发出目标音的年龄。年龄：岁；月

青蓝